今朝风日好

中国当代艺术个案鉴赏

贺疆 著

石油工业出版社

图书在版编目（CIP）数据

今朝风日好：中国当代艺术个案鉴赏／贺疆著.—北京：石油工业出版社，2019.7
ISBN 978-7-5183-3188-8

Ⅰ.①今… Ⅱ.①贺… Ⅲ.①艺术-鉴赏-中国-青少年读物 Ⅳ.①J052-49

中国版本图书馆CIP数据核字（2019）第101173号

今朝风日好——中国当代艺术个案鉴赏
贺疆　著

出版发行：石油工业出版社
　　　　　（北京安定门外安华里2区1号　100011）
网　　址：www.petropub.com
编 辑 部：(010) 64523610　营销中心：(010) 64523731　64523633
经　　销：全国新华书店
印　　刷：北京中石油彩色印刷有限责任公司

2019年7月第1版　2019年7月第1次印刷
880×1230 毫米　开本：1/32　印张：8.25
字数：132千字

定　价：38.00元
（如发现印装质量问题，我社图书营销中心负责调换）
版权所有，翻印必究

即见君子
—— 贺疆散文化评论之我见

"安得促席,说彼平生。"语出陶渊明《停云》。与贺疆对面品茶,漫漫而谈,宛若穿越时空,远古春秋无论魏晋……茶歇,竟生出意犹未尽之感。

与贺疆的艺术释读可谓一期一会。我与贺疆,先读其文后识其人。读文睹名思义,误以为是男子。以至于对面堪堪错过,却原来是一女子。她笑:"自小至今,一直被人误会成男子。"贺疆之名磅礴,荡尽脂粉气,一如她的为人处世,有视野有胸襟有气度。名字是一个人的符号,往往与个性或命运有关。贺疆,出身英文专业,后研美术史。但读其文,知其文化底蕴与素养绝不逊于中文系出身的人,笔下每每有股不让须眉的气度。这现象很有趣,余光中说过,台湾外文系出身的作家,常常有过人之处,如梁实秋、龙应台,当然还有他自己,等等。大陆的钱锺

今朝风日好
——中国当代艺术个案鉴赏

书、季羡林、曹禺,亦然。

读贺疆的文章,是一种享受,诗词歌赋联语融化成其自己的句读,随便拎出几句,就自成诗词或联语,自成一格的语言架构和语体风格,亦然成一家气象。贺疆早年执笔散文又写人物,近数年工美术评论。这些经验造就了她的千钧笔力和春秋笔法。贺疆散文化的语体文风,无论深入浅出抑或浅入深谈,晦涩难懂的美术理论,由她施施然几笔,面目清润而鞭辟入里,端的是举重若轻。其语言造诣之功力与传统文化之内涵底蕴,令人叹服。在美术评论界,贺疆是开散文化评论之风的人物,但她又不囿于风格定式,她的行文体例与语言文风自由且多元化,与笔下的艺术对象风格丝丝入扣,既对作品内涵有提炼又含蓄地指出其不足和发展方向。若文章不署名,你绝对判断不出是一人所写,这极其难得。说句托大的话,她的文章内涵之丰富之厚重,足以睥睨傲视且令人望尘的。难怪读过其文的人皆慨叹:"一直认为民国的文字不可复制,但贺疆的文字是青出于蓝而胜于蓝。"

释读美术与释读治学已经成为美术学术的重要一脉,同样对诠释者要求甚高,既要有深厚的古典文化修养,又要有化繁难为平易的水平。"深入"尚且不易,"浅出"

已属难得，而能真正做到"深入浅出"更是难上加难。对美术释读，是需要释读者对对象的内涵、题解精准定位，又有独属于自己的东方哲学观和美学观。贺疆的艺术评论，其实是对释读对象的升华、重释和再度创作，朗润清隽韵味悠长，清冷而不失温度。她立足文本自身，从内容出发。落笔简洁清晰，严谨有序，寥寥几笔尤见功力，真正做到无一笔无来历，无一字无出处。化古为今的手法，内蕴的古意与鲜明的当代意识，可谓传承与创新的一个范本式探索。贺疆今下对美术的释读，与其说是对艺术当下的思考和探索的践行，不如说是涵育的一部深入浅出的治学之作，有大匠运斤、举重若轻之感。

立意之高下，全赖心境。简约而简单的背后是内在的一份冷静和自我要求。没有浮夸，没有矫揉，没有造作，用最自然的语言，做出最自然的表达，令我们看到那些游目骋怀中隐忍的隽永。篇篇涵泳古典精华的性灵之作，重返内心的艺术探索，从传统文化中找到切入点，并在向传统方向的回溯中，重新寻回归宿感。出入诸家之说而自带主张的诚意治墨方式和平淡心境，实在堪为典范。

"在红尘中拥有一颗独处的心，在独处时拥有红尘的怀抱。"林清玄的话颇合乎贺疆与艺术的状态，疏离、

今朝风日好
——中国当代艺术个案鉴赏

冷静、自持而不失时代的热忱和真诚。贺疆,很朴素很平和,有洗尽铅华阅尽繁华之后的宁静祥和,但骨子里又有一种很锋利的东西。曾经有高人赠她一字"隐",说"疆"字对一个女孩子来说太大了。她说,这是对她的谆谆告诫,为人要傲骨,处世要低调。的确,贺疆安静不张扬,常态的她读书、品茶、听音乐、写几笔书法、画两笔花草,而一旦涉及与学术有关的展览,她的锋芒就粼粼寒彻,纵横捭阖的霸气令人心生敬畏,她的纯粹与干净又令人感动而景仰。在这浮华的世间,贺疆是真君子,不从众不媚俗不欺世不世故,活得真实、简单、纯净,因其难得而令人珍惜。

贺疆早年著《批评的人生·批评家素描》,成为当代美术批评界首部史家传记,文字优美耐品之外,重要的是对当代美术批评家的学术贡献和历史定位非常精准。她本人因此被业界誉为"批评的批评"。而我知她当年为成此书,其艰辛、煎熬非常人可想。但命运多舛的她对此甘之如饴,始终微微而笑,满怀感恩。她常说:"时间淘洗过后,岁月留下的都是好故事。"这样贵族式的优雅和平静,令我感慨动容:没有人能随随便便成功,但凡有成就,一定是有原因的。也正因为此,其文字值得一品再品。常常读着读着就能触摸到她心怀天下的悲悯和情怀，为文化立身立命，吾辈之责。贺疆，一介女子，当得起"先生"二字。

记得散文大家卞毓芳先生曾这样用"妩媚"形容贺疆。"妩"，本意"美女"，美女之"媚"，益见其婀娜妖娆。后人又言"孙权之妩媚""魏徵之妩媚"，由婵娟而须眉，使词意更加倜傥风流。到辛弃疾这里，他说："我见青山多妩媚，料青山、见我应如是。""妩媚"既指青山，也反衬自己。自由之豪放，辛词之"青山妩媚"与东坡之"大江东去"比肩而立成宋代词坛双峰。而用"妩媚"指代贺疆，是恰当且确切的。

读画、读人，品文、品人、品文化，前世宿因与今时述作，舍妄归真，因缘凤合。那些曾经被尘封的笔墨语言，都开了口，牙板清歌。那个曾云烟茫茫蒹葭苍苍的时代灵魂，就这样涉水而来。

"既见君子，云胡不喜！"《诗经》如是说。既见贺疆，不亦快哉！

是为序。

海 澜

2018年12月13日 于京畿

第一章　今朝风日好

那一桐光阴　　　　　　　　　　　　　　　　003
何多苓：远去的怀斯　　　　　　　　　　　　007
乡愁——李向明的乡土情结　　　　　　　　　012
今朝风日好——杜玉寒的白描人生　　　　　　022
请许我尘埃落定——非非是是之王非　　　　　026
问茶——清谈张韵的花间茶语　　　　　　　　033
听香——沈锋水墨《梵印》的生命哲学　　　　037
池塘生春草——谭天圳水墨花卉之我见　　　　042
今天你胖了吗——许鸿飞胖女人的题外话　　　045
吉祥考——刘辉的油画与中国传统文化的关系　053
光阴的诗经——雕刻时间宋红楠　　　　　　　058

今朝风日好
——中国当代艺术个案鉴赏

第二章　指尖上的自然心

先生——由信王军的《民国先生》说开去	065
高名潞的图腾	071
旗帜——探源乔晓光与民间美术	078
边民与帝王——昭通地域气质与洪浩昌作品的互文	094
我就是我的态度——方力钧vs艺术	105
老岳：你的傻笑笑傻了多少人	110
山水的人文精神——张东升与他的山水表达	115
直心是道——惟航与书法的互文	120
归去赋闲情——王鹤的水墨气质	125
规矩、方圆与人文的距离——郝利峰的东阿人文写生的旨归	131
指尖上的自然心	135

CONTENTS 目录

第三章　大地的诗经

大地的诗经——姚卫国农耕文本的水墨书写	141
黄土地的朴素之道——兼论杨素群的水墨性	146
活态道德经——刍议石军良的民间信仰景观	151
流浪的家园——高云龙之村庄图志	156
水墨信天游——高宏的塬乡生活日志	160
出入故园——王路刚问道水墨水彩	165
周春芽的田园梦：妖桃·红人·绿狗	171
焦墨里的信天游——浅谈梁建平的焦墨语言	175
山水自白——唐辉与他的山水互文	182
归鸿——吕岩的艺术旨归	188

今朝风日好
——中国当代艺术个案鉴赏

第四章 境外之境

物象之外——兼议韩静霆的水墨戏曲人物	197
门秀敏的彩墨秘境	203
元山水——温中良的山水向度	209
读海——姜云宗的水墨至境	214
葛涛的重彩之相	218
卧游——朱天杰的山水文气	221
如如不动——兼议双印伍灯的书法艺术	226
无相——如是观梁建平彩墨艺术	230
涅槃——浅谈柴刚的后敦煌图式	235
禅·墨——石松子山水与禅意审美	240
何去？如来！——隋牟水墨的文人之致	244

后记：岁朝清供　　　249

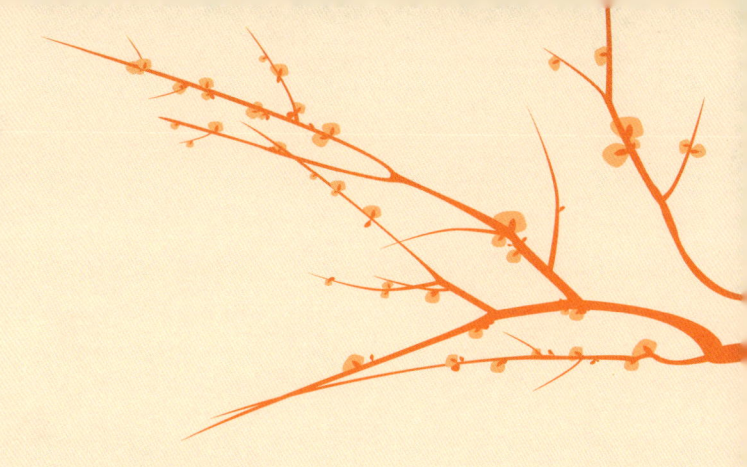

今朝风日好

折枝梅

茶园清静,柴扉开谢人幽独。
泥炉小瓯,梅枝影里,侍炉簌簌,把卷茗前读。
立雪闲阶,问谁明月下,一管清笛,
回风吹雪声出瑶宫,添了送春句。

——贺疆

那一桐光阴

《花事》 油画 沈锋

今朝风日好
——中国当代艺术个案鉴赏

一眼看见沈锋的油画《花事》,时光刹那倒流。

冀南平原,土著的梧桐,高高直直的树身,盛大的树冠,阔阔的叶子。春来,一夜之间繁花开满树冠,密密匝匝的紫色小喇叭唱着青春的歌声。花落叶生,大大的梧桐叶,就撑起两季的绿空。

母亲喜欢梧桐,家里栽种了两棵梧桐树。母亲常说,"家有梧桐树,自有凤凰来"。凤凰来不来,我们不知道,只是跟着母亲喜欢梧桐。

工作后,我住的小院,门前有两棵梧桐树,疏疏朗朗的枝叶悠然闲适地伸展,阳光透过枝叶在地上细碎地跳跃。桐树下的一片空地,偶尔种几样青菜,而最多的是开满各色单瓣或复瓣的太阳花,更有那一丛丛葱茏的石蒜莲,秋来白色的小花迎风楚楚,令人怜惜。

每日,晨曦即起,洒扫庭除。经常是看着地上慵懒的梧桐叶,写意画一般,不忍扫去。一盏茶,一弦曲,从晨光熹微到夕照西窗。夏日里,坐在梧桐下看看书,做做女红或者跟邻居友人聊聊天。夜来静寂里,叶子偶尔噗的一声落地,仿佛听得见生命的轮回与安然。那些年家乡夏季多雨,我住的老房子常常漏雨,每逢雨夜,不敢深眠。几乎所有的雨夜,都是听雨打梧桐,点点滴滴到天明。就

第一章·今朝风日好

这样，日复一日，年复一年，梧桐树伴随着我度过那深深浅浅冷冷暖暖的日子。离开时，梧桐已长到两个人合抱不过来。

曾经有个朋友，发给我一张素手刺绣的图片。竟然莫名地想起多年前的自己，坐在梧桐树下，阳光透过树隙洒下斑驳的影子，也曾经那样细针细线地绣过花儿，微风拂过我低垂的长发。那年自己也如此一般精致地一针针绣着那样一颗婉约的心。都是往事不堪回首，原以为，远离后，一切都会埋葬在无法触及的距离，再也想不起，却原来，总是不经意间一点，昨日就鲜活如初。

岁月匆匆而过，每每春来，出京往南走，过了保定，就会看到路边的村落掩映在紫色的烟雾里，那是梧桐树开花了。今春，终于在离别经年后再度踏进故园，曾经的一切都不复存在，红瓦房、月洞门、梧桐树……都没有了影子。我跟故友在草坪上一遍遍地找寻曾经的花木，终于找到一棵绿萼梅和一个石矶，于是絮絮半天感慨半天。终究是物非人非，人事两分。

回老家，母亲手植的梧桐愈加繁茂，哥哥的大孙子活泼地在树下玩耍，如果母亲还在，该是怎样的天伦之乐。

……

今朝风日好
——中国当代艺术个案鉴赏

我最好的年华和最忧郁的优雅都刻在那一桐光阴里。所以,当与沈锋的《花事》邂逅,岁月纷沓而来。

沈锋的这幅油画作品《花事》,一枝梧桐,静静地绽放着淡淡的紫色,低低地诉说着梧桐开满一树繁华的记忆。大面积深深浅浅的灰色,延伸出思想的空间,储满岁月的青葱与优雅、阳光与雨声。一如现在的我,所有的美好的过往,都在梧桐树叶的光影里斑驳。

阳光透过窗照在《花事》上,初冬一缕轻风吹过,梧桐花儿似乎迎风微动,清甜的暗香袭来……

何多苓：远去的怀斯

"你也真大方，把亲手打下的江山拱手让人。"何多苓对高名潞说这句话时，是21世纪初，那时他们二人是第一次见面。虽然20世纪90年代末，高名潞在他的《中国前卫艺术》一书中提到过何多苓，但二人从来没有过交集，却自有一份惺惺相惜在。

《春风已经苏醒》 油画 何多苓

今朝风日好
——中国当代艺术个案鉴赏

何多苓,中国现当代艺术一个独特的人物,在艺术层面,他注重内心诉求,唯美倾向近乎偏执。他最早为人们所熟知是他那幅作品《春风已经苏醒》。这幅作品,画面上弥漫着抒情诗一样的忧伤气质,再现的写实手法烘托出小女孩茫然而忧郁的神情,尤其那用狼毫细笔一根一根画出的那一片繁密密的草地,消弭了地平线,却有力地营造出一种单纯到极致的空茫。

这幅何多苓的毕业创作,曾一度不被学院认可,后经《美术》杂志的推荐而为世人所广泛关注。它能进入中国美术史,部分因素是与时代语境契合而被社会赋予各种含义,以及人为地划归到"伤痕"美术一派。而作为作者的何多苓,实际上想表达的是自己内心的真实感受,呈现的是他在大凉山的知青生涯,那段迷茫岁月的潜意识在画面上的无意识融入。

影响了20世纪80年代前后中国青年的艺术家是安德鲁·怀斯,何多苓的《春风已经苏醒》画风,与怀斯的那幅《克里斯蒂娜的世界》一样永恒的悲凉和宁静的孤寂,却表现出一种超现实的浪漫和诗性,一击而中观者的心。这种从记忆抽象出的气质疏离地隐喻着绘者的内心情感,唯美、孤独、诗意。

第一章·今朝风日好

然而，1985年何多苓赴美讲学之行终结了他对怀斯的景仰，在之后的艺术创作中他极力祛除怀斯的影子。但是他艺术的诗性表达已经深入骨髓，无论是与诗人翟永明的缘起缘灭，还是与诗人、哲学家的交往。抑或说，画家的敏感与诗人的激情互为表里、互相诠释，诗人的诗句成为画作的灵魂，画家的画面栖息着诗人的呼吸。这种游弋不定、隐忍忧郁的气质，在何多苓的艺术作品的笔触里一简再简，一再抽离成一股气息、一行诗句。遑论是《阁楼里的房子》《迷楼》，还是《女人 村庄 鸟》。

何多苓是一个把艺术的唯美性和个人气质的诗性结合得最完美的一个艺术家。即使在青春期，他的叛逆性倾向也是那么具有诗性，他的眼睛里看到的事物都有一种骨子里的抽象，这种抽象以迷离诗化的方式朦胧了事物本身所隐含的残酷或悲凉——灰灰的调子、空旷的原野、孤寂的人物，营造出一种清冷、空茫的氛围和神秘、静默的力量。这种艺术趋向，与中国文人的雅性清高相契合。

一直以来，何多苓说他是一个孤独的艺者，而他也以不在主流的主流艺术而成为艺术界的一枝独秀。但是亲历和见证了人生和艺术兜兜转转的他，现在的清冷范儿已经悄然褪去，化作人前的随性、艺术里的松弛，但是人后

今朝风日好
——中国当代艺术个案鉴赏

的何多苓,心底依旧弥漫着一首诗歌,一如山城的水汽山岚,雾起时,惆怅、迷茫,雾散时,明丽、清爽。

2011年10月,何多苓在中国美术馆的展览《士者如斯》开幕,对自己三十年的艺术人生做了一次回顾和梳理,人生三个阶段三个风格,宛若诗歌的三个段落,长长短短的行板。策展人是诗人欧阳江河,依旧与诗有关。记得当时,看过他的作品后,我只有一句话:1948年出生的何多苓,作品可以画得任性一点了。而近年来他的一些花花草草的作品,如斯亮丽,如春花在春风里烂漫。

总想起安德鲁·怀斯的那首诗《远方》:

……

你背起自己小小的行囊

你走进别人无法企及的远方

你在风口遥望彼岸的紫丁香

你在田野拣拾古老的忧伤

……

就会有一次欢畅的流浪

于是整整一个雨季我守着阳光

守着越冬的麦田

将那段闪亮的日子轻轻弹唱

远离了怀斯画风的何多苓,终究去不掉与怀斯同样的诗歌情结。那曾经无处安放的青春,原来一直在远方流浪。

一颗赤子之心,总归到任性之境。

乡 愁
——李向明的乡土情结

故乡的歌

是一支清远的笛

总在有月亮的晚上响起

故乡的面貌

却是一种模糊的惆怅

仿佛雾里的挥手别离

别离后

乡愁

是一棵没有年轮的树

永不老去

——《乡愁》席慕蓉

乡 愁

初识李向明,是在初冬一个阳光和暖的日子。

驱车去京郊北地上苑,路越来越清净,两旁的树木

第一章·今朝风日好

越来越茂密繁盛,初冬的风飒然穿过。偶尔有车辆经过,也是极少鸣笛。不时看见成群的羊悠悠地趟过柏油马路。枯水季节的小河绕过上苑,偶尔会看见一只毛驴或羊在河床里低头寻草,间或甩一下尾巴。河两岸的垂柳依旧苍青着。远望,是如黛的燕山起伏,村周围有成片的柿子林,初冬季节褐红赭黄的叶子,如画如诗。据说这村落还有一个好听的名字叫桃花渡,于是,脑海里马上出现十里春风桃花灿若云霞的胜景。好一处雅居所在!好一处世外桃源!

李向明的北上居实际是一个院落,青灰色调的房子,黑白装饰,简约、高阔、利落,大男人的风格。院落中间一道墙,一扇古朴的老式木门虚掩,看似隔开,实为装饰。门边蹲着一只小白兔,歪着脑袋睁着红宝石般的眼睛看着来客,令人心生一丝温情。

李向明的油画,大幅,抽象,但材质却是熟悉的老式布袋和大襟衣服。画案边堆放着两摞麻袋布,各色的补丁,细细的针脚,有的还清笔正楷写着名字。一种熟悉的感觉瞬间漫上眉际眼睑,一种酸涩的故园家梦悠然回荡在心间。在京城繁华之地,还有人对乡土有着如此浓厚的情结。李向明很低调平和,说话风趣热诚,没有距离感,有着太行之子的朴素和土性。

今朝风日好
——中国当代艺术个案鉴赏

《阡陌细语A》 综合材料 李向明

　　认识李向明的人大多知道他是以油画综合材料为主。其实他的传统书画功夫了得。从他的水墨和书法上，我们可以看到今日的他的土语系列是有根脉传承和传统滋养的。挥手作别时，两个高高大大的北方汉子站在阳光地里，身后是太行山系的燕山，依山而居的日子里，故乡家园仿佛就在身边触手可及，年少时的情景会时时入梦吧。

　　归来，翻看李老师的书。不由吃惊，文笔如此之优美，思维如此之缜密，想象又是如此丰富。笔墨如素描小品般，读之如画在眼前。掩卷，浓浓淡淡的乡愁就弥漫在心间。乡愁在文字中流转，童年的记忆和童年的梦是心中永远的原乡，在梦里在心底明明灭灭、浮浮沉沉。而今的家园还有童年的影子么？告别乡土，挥手家园，回望太行，原来，故乡的一草一木，一山一石，故乡的记忆已经永远刻在脑海里，从未须臾稍离，成为艺术的源泉。笔下的一幅幅画是乡愁的承载，是历史的记忆，是生命的阳光。

……

春节前，一次电话，末了，他闲闲加了一句："真快啊，转眼就是一年了。"只刹那，那山脉、那河流、那村落、那树木、那木门、那白兔、那土布……潮水般，起起落落……

乡愁，乡愁是什么？乡愁是去乡已经年，乡愁是归心似箭，乡愁是那难以割舍的牵念……

铁观音

再见李向明已是初夏季节，坐在他那落地窗的大阳台上，身后是他那风情浓郁的乡土作品。面前褐色的沉木条几，竹藤椅，窗外的院落青草疏离，一介假山石肃立，两棵高树浓荫青翠，阳光明丽，云卷云舒。他沏了一盏茶放在沉木

今朝风日好
——中国当代艺术个案鉴赏

条几上,透明的玻璃杯。热气氤氲,叶片慢慢舒展,悠悠下坠,造型优雅,宛如观音合十稽首。一杯清透,青碧如一幅清雅山水,缕缕清香慢慢弥溢,好一盏铁观音!不由得醉了。

午后茶时间,最易临窗闲谈,对一盏茶,任清风翻遍书卷。跟向明在一起,你不会寂寞,他很健谈,天南海北,谈古论今,上下五千年,随性率真。从童年到现在,从美学到做人,从作品到潮流,从流派到趋势,纵横捭阖,谈锋机智,妙语警句时而闪光。从画而文,由文而画,他把各种生活经验转化为哲思、艺术和文字。

李向明活得真实无妄。他忙碌,为自己也为他人。在体制内时,曾经年年是先进,年年是省文联德艺双馨得主,一份持久的荣耀,是人心向背的表征,是常年躬亲牵念草根的称量。面对名利他从容,舍得时也能义无反顾,对世态人情有着一份勘破淡定,这是岁月的魅力。他不吸烟不喝酒不下棋,孤独时写写文章画画画,兴致来了吼一嗓子"山丹丹开花可沟沟里,兰花花开满山"。偶得闲暇,静坐冥思,对一盏铁观音,悠悠日光渐斜。

眼前的李向明,施施然地靠在竹藤椅上,双手交叠,窗外的天光映着他深邃的眼神。突然觉得他就是铁观音,太过贴切的名字,凝重深厚,色泽乳铁,乃沧桑所致;茶汽氤氲,茶香清新,须沐风淄雨方可流转;水中翡翠,淡雅山水,致幽兰暗香,经岁月风霜才具葱茏。品茶,实则品人生。非淡泊无以明志、非宁静无以致远。一份淡泊,一份悠然,一份平和,一份安详,一杯茶,水意葱翠,清香婉转,人生禅味尽在这盏茶盈盈间。

孤独的土语

槐花飘落时节,再度来到北上居,依旧宽大明亮的阳台、沉木条几、竹藤椅、一杯清茶。抬眼,窗外晾晒着布满补丁的老式大襟衣服,他酝酿多时的乡愁要呈现在画面上了。

他是太行山的儿子,他的故乡在河北邯郸涉县滩里村。后因发大水举家迁至上清凉村。李向明生于1952年,是年壬辰属五行水,肖龙。仔细琢磨,无论是滩里村还是清凉村,名字都与水有关,而龙因水而兴。村边清澈的清漳河流淌着李向明依稀的童年的记忆,遥想当年,河边嬉戏玩耍涂鸦,该是他最纯真的梦吧。

在李向明的记忆中,故乡是古朴、原始而祥和的。张目四望,满眼青石,房子是石头的,院子是石头的,街道是石头的,路也是石头的。因时间久远,故乡的面貌蒙上一层苍凉和迷离。记忆中那蜿蜒曲折的羊肠小路,那高低错落有致的院

今朝风日好
——中国当代艺术个案鉴赏

落,那袅袅的炊烟,那村口一声呼唤贪玩孩子吃饭的长调,那泉声、鸟鸣、牛吟、犬吠……一切都在李向明的记忆中怡然自得着,那种灵魂的皈依,赋予他人性最本色的气质,太行的一山一水一草一木都涵养着他的艺术,潜移默化着他的生命。

涉县是一个文化底蕴深厚的地方,也是一个革命老区。战争年代,罗工柳、彦涵、胡一川等一大批老一代的艺术家都曾在这里战斗、生活过。当年许多抗战版画是从这里走向全国的。文化的积淀滋养着一方人的灵性。李向明的祖父是远近闻名的秀才,父亲也善于画画,母亲更是剪得一手好剪纸。

孩童时期的李向明喜欢遐想、喜欢看戏、喜欢涂鸦,在墙上画、在地上画、在打麦场上画……越画越不满足的李向明,站在清漳河桥头发下宏愿,将来当画家。童稚的眼光越过那道山梁,他要看看山外面的世界。理想的种子一旦播下,必定会生根发芽。天赋加上后天的努力,辅以灵性的体悟,终会造就一个人。年少的李向明独自背着画夹子,足迹遍及涉县每一个山川村落,边画边走,走出大山、走进部队、走进报社、走进文联、走进美协、走进北京、走出国门……他走得越远,故乡在梦中越清晰越真实。童年的游戏,幼年的涂鸦,舅舅的糊白灰墙,邻家阿姐的背搭子、纳鞋底,外婆在煤油灯下针针线线的缝补,乡村的宁静、乡村的真实、乡村的恬淡,乡间泥土的气息、草木的清香……那才是真正的回归自然人的状态。

　　真正的灵魂归宿，是心灵的还乡。乡土在哪里？就在对乡村的回望。回望的过程本身就是一种身心的静思、一种理性的梳理、一种原点的哲辩。他在那些已经退出历史舞台的布袋上，从那些大襟裤褂上，从那些针脚细密的补丁上，他的乡土情怀得到皈依。每一次抚摸老布袋、老衣物、老被面，他都会情不自禁地数一数补丁，可是他怎么都数不清那补丁摞补丁层层叠叠的补丁。而那些补丁、那针脚在他画笔下有了温度，有了生命、有了呼吸，补丁是泥土的皮肤，针线是穿起的时间，是生命的掌纹。

　　李向明的乡土情结，如浓得化不开的乡愁，他大幅大幅地创作着。那些带着历史记忆和时代特征的口袋和衣物，以一种视觉的语言，开阔的图像效果，唤起人们集体的回忆，对乡土的回味、沉湎和冷思。他借助书法这一东方符号，彰显他的文人情怀。流畅的笔触、和谐的色彩、韵律的线条，淡淡无声地暗示一种生存状态，脉脉流淌着一种依恋、悲悯、期冀、爱恨交加的情愫。那是生命的记忆和对艺术的悲悯。这种悲悯如果用颜色表示的话，那就是黑白灰，三种生命本真的基调。

　　然而从他那宏大的叙事中，依旧看出一种深刻到骨头里的孤独，宛如蛮荒缥缈的歌声，瘦削而苍凉。于李向明而言，他实际就是一个行走在抽象艺术上的孤独的清教徒。他用自己内敛的心张扬起土语的旗帜,他以古老而东方的书法符号,凭借留存历史体温的衣物,呐喊人性的回归、灵魂的皈依。他的呐喊满含高亢而悲怆,不忍卒读!

茶水冷透,暮色苍茫。辞别,归程,路灯、车河、川流的人群,乡关在何处?

守 望

2012年秋,中国美术馆,"土语——2012李向明艺术展"现场:满厅是缀满补丁的破旧衣物、旧生产队的布袋、农具木叉组合的装置……一个展览,以一种集体亮相的形式突兀地矗立在人们面前,冲击着你的眼睛,激荡着你的心灵。瞬间把你的记忆拉回到并不遥远的时代,并不遥远的生活。一扇中国美术馆的大门,隔开了两个世界。中国美术馆外,高楼林立、车河川流,满眼滔滔尘寰。而李向明的展览回望的是华夏泱泱的农耕文明,把人拉回到那渐行渐远的农耕生活。

中华民族的历史就是一幅农耕文化长卷。"你挑水来我浇园,你织布来我耕田"就是农民最质朴的生活画面、最朴实的生活方式以及最朴素的情感和思想——耕读传家。儒家的"家天下",也是以农耕文化为依托成长起来的。

文化的含义很广,若从生活角度分析,文化就是一种生

《粮仓》 装置 李向明

活方式。中国的农耕文化具有乡土民间性。土地是农耕文化的载体,农民与土地休戚与共,耕作而出的文化,朴素而温暖,充满美好与希望,感染并召唤迷失在红尘的灵魂。在科技发达的今天,回归乡野,回归生态,不仅仅是"发思古之幽情",或者是休闲旅游,而是对祖祖辈辈生活方式的敬畏和灵魂的回归。这也许就是李向明执着于"土语"的原因!

李向明这种饱含泥土气息和泥土记忆的作品,严格起来讲,已经失去了其原来单纯的含义,而是土性的提纯和升华,是华夏农耕文明的记忆和守望。从来,本土性、东方魂,不单纯是学术的思考和探索,更多的是艺术史的语境和书写,以及文化大情怀的回望和驻守。从来艺术无论是快乐或者忧伤种种逸意,都是语言和意旨指向心灵,指向历史和未来!

今朝风日好
——杜玉寒的白描人生

"今朝风日好,或恐有人来"是丰子恺的句子,用来形容与杜玉寒的相识倒也颇贴切。瘦削的杜玉寒,话不多,只是一卷卷地打开他的虫草白描。百虫百草就这样在眼前一一划过,惊叹在清新与灵动的清趣里渐渐变得惬意与闲适。于是韶光流影淡淡地缓缓倒流,儿时在田野嬉戏的记忆就这样立体起来。

一支笔,一尺宣,一管墨,略去浮云。一面是书窗听雨的雅致,一面是忧史入世的情怀。细笔勾勒的人生,一如这白描的画卷。游笔走墨,娓娓道来的其实是画面背后的情感。赏画,是与艺者一起思考、一起快乐和忧伤。而最难的是泥土的芬芳留存心底,而下笔成画如一碟清新可人的小葱拌豆腐,过滤尽人间烟火气。

杜玉寒的白描虫草画谱,最突出的特点是平淡简约中透着清丽干净。语言图式绝不枝枝蔓蔓,拖泥带水。作品一如其人禀性天赋和处世态度。云淡风轻的背后,其实是岁月的绵绵瓜瓞,寒暑四季的风雨如故。细细一条线就这样回环往复地勾画着他的人生,不辜负他的清淡与宁静。

于文人艺者,温情一面存于胸臆,一面彰于笔底。在杜玉寒的笔下,百虫百草,淡淡地勾线,就把我们的魂勾走。而虫态草姿,就这样浅浅地模糊了时间,一草一木易朽的材质,一虫一雀短暂的生命,却以传世的态度在瞬间与恒久、虚妄与实在之间担负起正本清源的使命。

这年头,能沉浸一件事十数年,不问风霜雨雪的人少之又少,单单这份安之若素的心境,就非常人可比。常常感叹,成功从来不是一蹴而就。厚如城墙砖的画谱、绵亘延伸

《白描虫草》 白描 杜玉寒

今朝风日好
——中国当代艺术个案鉴赏

的画卷，一眼望去，前不见古人来，后不见来者追。一股乾坤清气在浓丽的艺坛冲天而起，毫无刻意，却带来四面八方的冲淡之气。而杜玉寒，就这样与自然相对默然，神光离合，如虫和草、云和天。

除了杜玉寒的白描虫草，最喜他的小品。儿时的嬉闹或丑事，涉笔成趣，最平常不过的事立刻充满盎然童趣，令人莞尔。笑过之后却顿生智慧之感。这批小品，笔墨简约，色调明丽、妙趣古拙，尽显大家风范。丰子恺是漫画入笔，杜玉寒的小品是白描起势，异曲同工在于都有一颗童真之心和天然处世的从容。品茶赏画，听杜玉寒用慢慢低低的声气说美术史、流派，说他的人生，间或脱口而出诗词，带着老派文人的味儿，而他不过不惑年纪而已。说他痴恋旧时月色一点也不为过，把玩旧日的心情，下笔流丽，节奏轻慢，不经意却流离出孤寂的艺术之美。

光阴逝水，曾经的农家田野之乐，当今婴童几人历经？文明的代价是自然的消逝和盲目的臆测。转眼间，旧梦远走，剩下一腔岁月情怀长伴笔墨。总愿把这份情这份念说给那些少年，却又不免生出"万事人间消磨，旧时清香难再"之叹。这次第，笔墨总是变得有点凉。且不去管它，笔底斑驳，记忆苍苍，那就煎一壶茶，慢慢地品，暖了心脾，醒了头脑。

白描，不须修饰，不须陪衬，不须烘托，俭省朴素却暗合艺术留白之妙。白描的线纹虽素淡，但笔笔之间有呼应，线钱之间有连属。形体准确之外兼传神，气韵流畅。就在这淡淡的画面轮廓里多维度联想，而细细笔线之外的意义，须得深层品味。简省之间的宏阔，细淡之中的情味，惜墨如金的平实朴素，最是深意，世间几人会得？！

杜玉寒创作感人之处，就在于微雕般的小虫小草却纤毫毕现，而笔意似铁筋钢骨、峭立古拙，与虫草的灵动宛然相映成趣。而这众多的小景却构成宏大浩渺之境，这种对比，鲜明而震撼。总令人不期然生出一丝凉意，于自然宇宙，生命如虫草只是沧海一粟。而简约朴实的语言，自然传神的图式，却有一种秉笔直书，如见肺腑的寒气，如杜玉寒这个名字。

古曰："归真返璞，终身不辱。"白描人生，寻觅的是一份内心的宁静。而做人更像白描，真实最好。

一代人有一代人的气质。于杜玉寒，大学问与小情趣就在笔墨一点一线中，果真白描。

请许我尘埃落定
——非非是是之王非

惊艳！第一眼看见坐在我面前的王非，脑海里冒出这样一个词。很奇怪自己用这样一个词，可是我真的找不到更合适的词来形容。

王非，根根直竖的短短板寸头发，款式简单的中式黑色服装，夹着香烟的手指很干净，礼貌地颔首微笑，温文尔雅。面对他，如果不说他的身份，任何人都会误会他是一个学者，而不是艺术家。而偏偏他的左手从来没有松开过书本，右手从来没有放弃过画笔。

口若悬河，他在说，不停地说，我插不上一句话。天南海北，从艺术到人生，从美术史到生活琐碎，他那带着安徽口音的普通话滔滔不息，我能做的只有倾听。

他给我读他写的"歪诗"，令人笑不可抑，让他转发，他又一本正经地说这不能，要尊重对方。虽然有狡猾之嫌，但是又不失于真诚和坦白。

环顾他的画室，不大，室内温度很低，冷到我手足冰冷，而他衣衫单薄依旧安之若素。颇有"忆生来小胆怯空房。到而今独伴梨花影，冷冥冥、尽意凄凉"的况味。望着对面沏茶的王非，一脸沉静的微笑。"不忍卒读"，我脑海里又冒出一个词，是他身上散发出一种空旷的味道——故事的味道，这种故事感是真的不忍深读的。

　　书架上是一排排的书，厚厚薄薄。现在的王非，在读书，也在学写诗。墙上挂着他的书法，两行狂草，另一幅写意山水，山间的茅草屋若隐若现，他得意地说，我就会盖这样的房子。一扇门隔开一个世界，一扇窗开启一层层传统文化的境界。一盏茶饮尽人生百味，一本书吟遍时空轮转。

　　王非，其实这个名字，真的很配他的人生和艺术。生活中的他，多半深居简出，偶尔热闹，散场后却是刻骨的寂寞。偶尔貌似"穿花蝴蝶"，实则洁身自好。貌似很精明活泛，实则很真诚专一。长了一幅聪明相，实则性格很憨实敦厚。正如他单身一人多年，从不放纵自己，因为他选择亲情、选择责任，宁可牺牲自己。正如他执着于他的水墨，无论艺术圈对他有怎样的解读，他都沉默着。面对曾经经历过的人生林林总总，他说，除了扛着，还能怎样？是啊，能怎样，又能怎样？！

今朝风日好
——中国当代艺术个案鉴赏

翻看他的艺术行旅，我有些无言。从佛学到传媒，从艺术到学者，从传统到现代，从具象到抽象，王非，从没有停止过他羁旅当代水墨的行脚。如果人生是一场行旅，那么在王非的人生经历中的种种，其实都只不过是一个个站点而已，旅途中的感悟对他有着非凡的意义。读王非的艺术，其实要读的是他的人。掩卷，我知道，一切追寻的最后的最后，其实想要的也只有四个字——"尘埃落定"。

现代水墨探索是多层面多维度的，然而于王非而言，水墨探索其实是一种回归。这种回归，是水墨艺术行旅中太多的问题、太多的感悟，令他开始自我寻找，自我救赎。有多少路遇与邂逅的回忆，都流露在笔墨里。尽管文字总有保留、图片总有隐藏，但在某个点，某个时刻，那些最最私密、最最深刻的东西，却真真切切地有着刹那的感动和游离。他不想直白地诉说，而是选择留给时间，静待评说。正如那些《花开此处》里那些无根可寻的飘荡，人生的风景在于追寻、审视、追问，然后回归自我。是与非，非与是，是是非非，非非是是，都已经不重要。重要的是，真正的你在哪里？！

这世间有多少人生若只如初见，一路走来，一切都定格成身后的风景。蓦然回首，花开酴醾与瞬间凋零，繁华

第一章 · 今朝风日好

《无题》 水墨 王非

今朝风日好
——中国当代艺术个案鉴赏

与荒芜,互证着生命不能承受之重与生命不能承受之轻,意料之外其实伏笔其中,而人如微尘!因此慎独!这也许就是王非最大的人生感悟,而这体悟一一渗透在他的水墨探索里,真诚无比,虔敬无比。

如若一定要给人生定一个衡量标准,也许回忆是否够精彩。于己,是自己的回忆,于人,是他人或后人对你的记忆。记忆从不沉落,童年的生活,年少的梦,成年的经历,也许从来没有离开过王非的生活,他执着于苦行僧般的艺术生活。追梦,寻觅失落的记忆,以一份朗月清风之情怀,守望一份踏遍荆棘依旧的豪情,指引生命的新一重境界。王非对现代水墨的沉迷和诉说,不是单纯的即黑得白,而是以洞察力,以隐喻的方式,一点点融会贯通,慢慢形成一个环形的圆。

那么于王非现状而言,其实人生或艺术只不过是一盘棋局;博览群书,涉猎艺术种种,只不过是行遍天下。视野里的中国现代水墨出路与未来格局,强弱、潜力和障碍,宛若一枚枚围棋子,一一走通,最终蔚然成一种水墨大气象也就不足为奇了。从彩墨到工笔、从工笔到写意、从花鸟到山水、从水彩到书法、从具象到抽象,从文化到艺术,从佛学到人学,广泛涉足,只为滋养、互证和思考。内心格局有多大,世界就有多大,从来不是虚妄之语。

但凡艺术大成者,总是心怀一份朴素的信仰和热望,在人生际遇中风云跌宕,并还原为初始,成为一种精神的支点,在漫漫岁月里淘洗为一种无形的价值观取向和人文大情怀。他们自有一份社会担当,而未来就在脚下,在心中,在汗水和思考所浸润的那片土地之上。

读书的目的,无非是从中悟出一些道理来丰盈生命的层次。在故事里解读山高水远的历史烟云,时间洗礼过后,尚善的本性和道德的恪守修炼,当为人生与艺术之根本。唯此,以水滴石穿之功,成全时间、空间、社会、历史的吻合。至于传奇,那就是水到渠成之事了。

叶青叶落,云卷云舒,江山依旧,不同的是人生变得厚重起来。任何时候,关注人性中的共同点、书写人类共同感情的作品才具有永恒的力量。一段段无言的记忆在某一个时间节点相遇,所有的记忆串珠一般连贯流淌起来。当原点与终点重合,见证一个与现实格格不入的笔墨的激情饱蘸怎样的跌宕动人,世间一切欲望的尘埃终将在时间面前落定,对大智若愚做最明了的诠释。

"落叶满空山,何处寻芳踪""空山无人,水流花开""万古长空,一朝风月",是宋代禅宗的三重修行境界,表达追寻的迷茫、灵魂的开化、生命的顿悟,人生的大是大非,如花自开水自流,看花还是花,看水还是水的自然之境。

"王非,你修得几重?"我劈面而问。

"我一重也没有修到。"他肃然而答。

犹记得台湾作家董桥曾说为学的最高境界是"沏茶剪烛之后剩下来的淡淡心事只说得三分"。

那么,沉沉夜空、万籁俱静时分,秉烛夜读的王非或剪烛而画的王非,是否体悟良多却欲说还休?不得而知!

造化、缘分,似乎早已冥冥注定。

是也,非也,一切都抵不过时间!

问 茶
——清谈张韵的花间茶语

茶有三问,一曰闻香,二曰品赏,三曰回味。

张韵的作品《茶语》和《醉花吟》,线条简素,笔墨清秀,字里行间尽显文人气质。一页页看去,看见入骨的茶香,满纸氤氲。当真是耐得一番番茶问与问茶。茶怡心,花醉人,此同其理。

茶与墨结缘,由来已久。茶成为艺术与文化的媒介,无他,盖因为茶与艺同样具有清雅、质朴、自然的美学趣味。苏子曾云:"上茶妙墨俱香,是其德同也;皆坚,是其操同也。"意思是说,茶与画虽然形制各异,但其内涵与美感却是相通的。

倒茶七分满,留得回味三分。对一盏清茶,过往就如书页在眼前一页页慢慢翻过。难怪周作人感慨:"得半日之闲,可抵十年尘梦。"文人多爱茶,由此可见一斑。于张韵而言,赏花煎茶成为日常也就成为生活,自然也成全了他的艺术。一个被花和茶浸润的人,点线墨韵自然也就

今朝风日好
——中国当代艺术个案鉴赏

沾染了花的香茶的韵，自在、平和、淡然。

读《茶语》和《醉花吟》，宛若与张韵在花间对茶清谈，脱尽人间烟火气。古典的心境、现代的观念、现实的情境、传统的茶制，就这样错位却奇妙和谐地融合，充满生活气息。茶以人文形态，点化出现代视觉的审美味道和

《醉花吟》 水墨 张韵

别样的审美体验，既有古典情味，又不乏时尚气息。何为文人的意味？何为当代文人意味？是那一壶清朗，一叶素笺、数行词句，还是那茶汤浅绛深褐的色调，抑或是那点线与文字间的微风轻漾？是，又不是。也许只是茶，只是茶在轻喃细语。

张韵的作品《茶语》和《醉花吟》系列，不是传统意义上的文人画，也不是当下曾经炒得火热的新文人画，但是他的作品是文人的。这样说，是因为他的作品风格显然迥异于传统的文人画形制，也远远区别于今天的新文人画。但其作品里传达出的文人情怀和文人气质，以及深蕴其中的传统文化因素，无疑又是文化的、文人的。那一份骨子里的笔墨功底和典雅韵致的诗境文心在画面的点线墨痕里游走。

身处传统绘画里久了，在传统语境不再的今天，要突破传统很难，但张韵做到了。他以古典的心境、现代的观念，架构出自己的绘画图式，有机地把诗、书、画、茶统一在画面里，细笔勾勒着他微澜的情绪和恬淡的情怀，色彩的浓淡、笔线的变化，若有若无的气息在流淌，宛若茶之水汽悠悠漂浮。这一份茶与画的悟得、理解与认知，全赖一份天性的敏感和日渐深远的体味，因而画面丝毫不见经营构造的苦心孤诣,而是自然而然的流露。

品赏张韵的《茶语》和《醉花吟》,总会被他的点线面关系的微妙所暗示,不知不觉进入他设定的生活场域,代入感极强地令你身临其境,并进入他预设的思考境地里去。茶,成为一个窗口,折射着他的自我镜像,也折射着社会的镜像。在其笔下,窥得生活本来的面目,素常里的心灵寄托,在品读《茶语》和《醉花吟》后有种难言的平静。足见张韵和他的画一样,都属于内省静思型的。他将他对现代生活的感受、体会和观念转换成艺术语言,不局于程式化的摹写。画面呈现的是他的本心本性,这恰恰是茶的本质——回到自然。于此,"茶语"之"语"也就昭然若揭。至此,张韵的《茶语》也完成了其问茶。自然,《醉花吟》也完成了它的陶然醉之之功。

禅门高僧从谂禅师最著名的偈语是"吃茶去",内蕴机锋,平常而深奥,能否觉悟,全赖个人灵性。赵朴初先生亦爱茶,常以茶入禅诗。曾为《赵州禅师语录》题诗云:

万语与千言,

不外吃茶去。

听 香
——沈锋水墨《梵印》的生命哲学

每一个人心中都有一株荷花,亭亭净植。

每一个人生命里有一缕荷香,幽幽清远。

荷,作为中国经典的文化符号,早已超越了审美的平面范畴、品性象征和意象显影。荷,承载的是中华文化的生命哲学,是人们的一种精神寄寓。古今中外,画荷者不胜枚举。而沈锋的《梵印》一出场就拉开了与荷派众家的距离。

当一幅幅水墨综合材料作品《梵印》在面前铺展开时,好一番冷香幽凉,不由得想起一句古词:"翠叶吹凉,玉容销酒,更洒菰蒲雨。嫣然摇动,冷香飞上诗句。"竟有漫步荷塘临水听香的旖念,扑面幽幽冷香,逝而复来的调子缓缓地咏叹生命的岁时轮回,虽陌陌冷寂,却内蕴一股清气漫漫荡开到地寥天远。

宋人周敦颐的一篇散文《爱莲说》,出淤泥而不染、濯清涟而不妖、中通外直、香远益清……道尽莲荷的本质，生命的香味就这样氤氲了千年。荷塘的四季情状，分花拂柳点化出生命的返璞归真。难怪，佛家莲台直指红尘人心。一个人独对荷塘，展开时间与内心的对白，在莲叶田田和雪塘枯荷里悟得轮回的况味。就这样，荷花以自身的天命哲学，一种唯我和忘我的姿态，给人以种种解读。而中国的绘画艺术传达的恰恰就是生命的香味。在时光的冷暖，季节的涟漪中，修得一潭清静，一塘幽微，一池自在。想来，钟爱荷塘的沈峰，心中自是莲台般一片清明，否则不会创作出四时不同的荷塘，诉说着他的人生体验。

用综合材料做水墨荷塘，是沈锋近年来一直探索的绘画方式，他一直在寻求一种新的水墨语言。在其《梵印》作品系列里，他打破了材料介质的边界，匠心独运地将荷梗与水墨结合，其肌理的处理营造出荷塘的生命质感，散淡简劲的笔墨，枝叶与池水的相照，微渺细痕的水波，简朗的线条有着一种力量，至达生命深处，呼吸可闻。极强的情境代入感，给观者以生理和心理的空间享受和视觉体验。根植传统笔墨的文人情趣，融入个体精神的心灵体验，破除中西绘画技法的独特创作手法，在审美疲劳的当下艺术语境下，创造出极为难得的别样的当代中国文化意味，哲学地表达着自我认知和艺术彻悟。他将现代生活的感受、观念转换成艺术语言,跨度地嫁接了传统荷塘的意象图式和西方的造型构成,既不失中国文化的血脉,又适度地汲取了西方营养,同时保有着自我艺术范式和语体风格。这种具有塑造性的水墨语言,是沈锋式的审美经验和图式实验的艺术表达。

《黑白乐章》 综合材料 沈锋

今朝风日好
——中国当代艺术个案鉴赏

在传统语境不再的今天，站在当代的立场上回望东方文化，重新审视东方美学，东方哲学的本体价值就突兀兀地伫立。沈锋的作品《梵印》，敏锐地抓住荷塘这个文化符号，既契合了传统与当代的审美趣味，又突破了时间和空间的界限，立体地做出传统的当代性表达。其作品，是经过对传统水墨的反思，在有效地承继水墨内核的基础上展开与当代的艺术对话，写意的精神统领驾驭着绘画图式与审美体验，哲学的内观互证着水墨精神与当下社会的精神诉求，景观与符号的视觉冲击探究出通感的诗意栖息，实物的质感与水墨的韵味，动静间的留白哲学地安放灵魂的奔波流离。这是沈锋以独特水墨方式对当下生存情境的哲学思考。回归生命本体和自然本质，外化与内化都是一种姿态，而人生需要留白。

沈锋的作品，整体是构成，细部是匠心，魂魄是写意。多元的文化本质是内在本性和自我个性的浑然一体。荷梗、莲蓬、池水、月光、残雪……不经意间的组合，平面而立体地叙述着绘者的内心诉求和情感表达。于是，色彩具有了温度，幽幽淡淡地荡漾着画者的襟怀与意趣，水墨淋漓晕染着画外之意。墨色的背景下，枝枝叶叶的处理都成为绘者诗意的咏叹。

读画,一如读人。绘画,一如画心。所以,沈锋的《梵印》有着生命的冷逸和散淡。枯荷在岁月的淤泥间盘根错节,抽象出旷逸悠远的情致,季节的风雨,无言微茫着生命的铮铮。水墨的气息,生生不息地循环,充盈在艺术图式、绘者和观者的心间。从本原处来,去自然之处。宣纸上的印痕都是自然在心灵上的自然流淌。以这样的文化心态和审美思考进入水墨的创新实践,卓然不群也是水到渠成之事。老子说"见素抱朴",甚是。

"山气花香无着处,今朝来向画中听。"李慈铭的神来之笔,一个"听"字道出绘画的通感功能。品赏这四季荷塘,闻香知雅意,竟至无语之境。还是用宋人姜夔的《暗香》来具结吧:

旧时月色,算几番照我,梅边吹笛。

唤起玉人,不管清寒与攀摘。

何逊而今渐老,都忘却、春风词笔。

但怪得、竹外疏花,香冷入瑶席。

池塘生春草
——谭天圳水墨花卉之我见

一眼见谭天圳的水墨花卉,顿生"池塘生春草"之感。

"池塘生春草,园柳变鸣禽"是南北朝时期谢灵运的诗句。说来,该句颇具神秘性。《谢氏家录》云:"康乐(谢灵运袭爵康乐公)每对惠连(谢惠连,灵运之从弟),辄得佳语。后在永嘉西堂,思诗竟日不就,寤寐间忽见惠连,即成'池塘生春草'。故尝云:'此语有神助,非我语也。'"如此相较,谭天圳的水墨花卉也一反其以往作品面貌,宛若神来之笔,潇洒欲飞,颇具艺术感染力。

谭天圳的水墨花卉宛若冬去春回,从萧瑟的荒寒到春意的生机,蓬勃而不失朴素清新,自然而不假绳削。可谓厚积而薄发,隐有一枝秀出的气象。谭天圳一直扎根于学院体系里,以往的探索都带着浓厚的学院派色彩,但是这组水墨花卉作品的出现,足见其笔墨语言的枝叶已探出院体的墙垣,有了相当的学术层次。

第一章·今朝风日好

《花草》系列3 水墨 谭天圳

这组花卉作品，构图奇巧，形态别致，放逸潇洒，又天真烂漫，自然界的生机跃然纸上，从中可以窥见画家的情致。当真是叶叶皆春色、层层唯朝晖。

作品中墨为骨，色为肉。细线是花叶的筋脉，疏密得宜，穿插有致。骨力劲健，用笔狂野粗粝泼辣。没有固定的形，却有层次脉络，拙中见巧的灵动，给画面增加了活力。乍然一看，粗服乱头地生猛，但细细观来，却秩序井然层次分明。而用色酣畅，撞色混沌却浑然一体，呈现出一片野味生气。色彩的可塑性，使得作品富有立体感和层次感，从而更好地展放花的饱满姿态。山野之气彰于外，而内蕴丰富而清秀，使得整个画面清雅丰茂。

043

色染与墨线叠置出深远的意蕴，不刻意的层次与远近。色度与纯度的饱和在平面上，又在墨线的影子里。而墨线反衬出色，穿针引线出画面的神与韵。色相与骨相，相互依附融合渗透又各领风骚。倒暗合了佛家"色即是空，空即是色"的含义。

一个传统题材的突破，是需要新的美学观来统驭的，既需要符合人对自然的恒常审美经验，又要有绘者的修为、视野、观念、心境与感悟的熔炼，花卉只是形象的依托，而内核是素养的审美层高的抽象化的嫁接与移情、复归与深化、立意与外彰。藉着自我心态的自然放逐，潺潺流出生活的源与流，亦真亦幻、陌生而熟悉。"绝不欲关人意，而千古有意人意自不容不动。"清代大学者王夫之的话，可谓人言而言殊。正如谢灵运推窗，远山逶迤、惊涛拍岸，近处池塘青草园柳鸣禽。自然禀赋的生机，没有明确的寄寓，但语境却赋予不同人以不同的感悟。

每个人都在用自己的曼妙花姿点缀着这个世界，都以自己独特的色彩装扮着一方乾坤。看谭天圳的水墨花卉，不由得想起谢诗首句："潜虬媚幽姿，飞鸿响远音。"

今天你胖了吗
——许鸿飞胖女人的题外话

电视剧《王贵与安娜》有个桥段，令人捧腹。大意是，王贵母亲唠叨王贵："当初俺给你相中一个媳妇，能挑二百斤。你不听，非找这个安娜，这么瘦，能生养个娃不。"俗话说"要想富，灶后立个胖媳妇"。农耕文明里，女人实实在在顶了半边天，不胖胖大大哪有力气带一窝孩子，做永远做不完的家务和农活。

然而在经济发达的今天，肥胖成为近年来人们最关心的社会问题之一。有个流行的说法：你的体型代表着你的修养。虽偏激，但也侧面反映了看脸又看体重的社会现实。于是，女人，每天都挣扎在胖瘦的边缘。慨叹，唐代以胖为美的时代一去不复返了。

胖就不美吗？

非也！

你看许鸿飞的雕塑《胖女人》，从20世纪90年代一路走向世界，一胖倾城，再胖倾国，所向披靡，意气风发。

今朝风日好
——中国当代艺术个案鉴赏

胖吗？胖极。丑吗？舒服。快乐吗？自信。这些胖女人们，一个个体量庞大，却自信快乐。

记得2013年春节，中国美术馆《平民史诗》许鸿飞雕塑展，我当初作文《许鸿飞现象：艺术即生活》，直陈许鸿飞最大的贡献是让艺术落地，艺术不再是高高在上的阳春白雪，而是回归生活的土性本性。之所以说他是一个现象，是因为胖有演化成社会问题的趋势。同时，他那胖女人的傲娇姿态，不啻给二十年审丑为美的当代艺术伶伶俐俐一记耳光，然后又亲昵地捏一把脸蛋。既颠覆调侃反讽了当代艺术，又让你没有脾气，还不得不笑出声来。因为的的确确这些胖女人戳中了人们的笑点。当真是举重若轻，出招段位之高妙令人拍案叫绝。

记得当初第一次见许鸿飞是在晚上。他把广州的"石磨坊"搬到北京娃哈哈酒店的总统套房。引路的年轻人一路讲述着许鸿飞的红酒、服饰、烟斗、交际圈……满面艳羡，口口声声说这就是品味，我轻轻一笑："时尚层面的。"一帮年轻学生喝着红酒，喧闹着，许鸿飞坐在石磨前沏茶，不苟言笑，很荒诞的感觉。

这个据说很寡言的雕塑家，跟我交流顺畅，告辞时他犹意犹未尽。记得当时我追问他："'史诗'这个词有点

第一章·今朝风日好

阳光下

大吗？"他的回答并不能让我满意。但是想想，中国当代艺术二十年，大多以制造新闻为噱头，宣传策划层面的事且不去苛责。重要的是他能把这个胖女人题材一直挖掘下来，并构成一个宏大的生活叙事，十数年走来，就他个人而言，也是写就一段辉煌历史。

最重要的是，许鸿飞和他的雕塑的意义和价值，在于颠覆了一以贯之的当代雕塑和当代艺术的模式和刻板观念。一直以来，当代艺术以抽象的姿态抽离了生活，也影响着人们对艺术和生活的态度。试问剥离了生活，艺术还是艺术吗？

艺术生活是俄文艺理论家车尔尼雪夫斯基提出的较早较多较完整的概念。大意是艺术是生活原型的艺术加工，也就是我们口口相传的"艺术源于生活，但高于生活"。柏拉图认为艺术模仿生活，所以他轻视艺术。亚里士多德认为艺术模仿理性世界，高于生活。宗白华说艺术的顶端即使伸入云端，也依旧要带点土腥味。

是啊，生活是艺术之本，脱离了生活的艺术，无论怎样夸张，都没有张力。艺术的日常生活性和平民叙事性，总能在不经意中触动人们的痛点，产生或强烈或震撼的冲击力。而艺术家以普世的取向，把生活浓缩和提纯，抒发对生活、自然的情感，以及对生命更深层次的认识和理解，让艺术纯粹到极致。如此，艺术才具有直至人心的力量和融汇自然与生活的能量，才是真正的艺术。

许鸿飞的"胖女人"系列，恰恰以幽默的视角和谐趣的视镜，给平凡的普罗民众以生命价值的重构和生活内涵的解读。他对一直以来以瘦为美的偏执追捧不置可否，他那些重体量的胖女人雕塑，以丰腴的姿态阐释生活的本质含义，以幽默的态度调侃所谓抽象雕塑艺术指向的偏离，

第一章 · 今朝风日好

《肥茶》 雕塑 许鸿飞

以及社会审美感的畸形。许鸿飞拒绝丑陋雕塑，尊重公共审美和大众文化审美。他的胖女人雕塑给生活、哲理、艺术以趣味的正解和答复，让走远的艺术重回民间，其生命性与自然性给人久违的亲切感。在此意义上，许鸿飞的胖女人雕塑无疑是一个指向艺术未来发展的艺术坐标。许鸿飞和他的雕塑艺术无疑会在中国当代雕塑史和中国当代艺术史上成为一座里程碑。

许鸿飞的雕塑在凸显雕塑的空间感和立体感的同时，幽了社会对女性意识形态的符号化一默。他挑战了审美的时代性，让艺术重新回归。在当代艺术语境下，他赋予胖女人以质感的生活美，并以轻盈的飞翔所带来的生活日常性的快乐，这种日志式的叙事性让人们在会心一笑之后开始反思：何为艺术？艺术何为？为何艺术？准此，许鸿飞和他的胖女人雕塑实则是一种审美批判和文化审视。

一直以来，许鸿飞和他的胖女人雕塑与质疑、讨论、效应从未稍离。无论外界如何反响和争议，他本人却一直如无其事不置可否我行我素，有着独行侠的冷傲和决绝。无论外界对他的"胖女人"做如何解读或媒介的讨论，他都不置一词。艺术本身具有的偶然性和兴之所至的本能性，很多时候是无意识的触动激发的艺术灵性的自由伸展。艺术从来与世俗和生活合拍，少一分刻意和做作，多一分自然和生活。因此，许鸿飞的雕塑是对生命、生活和自然作独立、闲逸的抒发和书写。呼唤远逝的家园，再现生活趣味，重构艺术自然属性，这就是许鸿飞的独特之处。

其实艺术态度严谨，而艺术叙事无须严肃。艺术从来不是与生活邂逅，艺术创作往往与生活邂逅。艺术不是阳春白雪，艺术美从来没有脱离下里巴人。艺术诗性是灵感迸发，艺术生活是体悟凝结。艺术是生活的诗性演绎，生活是艺术的效应载体。于许鸿飞的雕塑而言，重要的不是介质的体量,而是艺术态度的厚重内涵与轻盈叙事,给艺术以重新解构和重塑。生活值得讴歌。一切源于对真善美的原本表达,以及对最自然和最本真的生命本体的关注。

提起许鸿飞,总绕不开黄永玉,从石磨坊的题名到胖女人题材的延伸,都有他的影子。这个以老顽童著称的艺

《私语》 雕塑 许鸿飞

术家，"玩"世的态度对许鸿飞影响甚大。所不同的是社会对两种人宽容，一种是孩童，一种是老者。年岁大了，出言无状或言行出格，人都会报以宽容一笑，老了，可以活得任性一些的。但是许鸿飞不同，他还年轻，这些年他的高调，无论生活还是展览，褒贬参半。许鸿飞还算比较淡定。有点批评是好事，凡事一体两面，听得批评，受得褒扬，拿得起放得下，才是真智慧。正如许鸿飞的"女人"，从普通材质到翡玉翠润，从南方一隅登入皇城太庙，从国内走向世界，颇合乎胖才有气量之道。

许鸿飞，这个靠"胖女人"出名的男人，生活极讲究，选题极朴实；他身材很瘦小，作品很庞大；话语不多，却行事磅礴。反差极大之处，总是勾人好奇，他的夫人是胖还是瘦？哈哈，八卦之嫌了。

不过，胖女人的谐趣之味，多少也泄露了许鸿飞的审美之趣与欣赏之悦。他的瘦小而范儿足，一如胖女人施施然的笑：做个自信的胖子。我胖，我任性。我胖，我快乐！

我胖了，你也胡子拉碴了。

吉祥考
——刘辉的油画与中国传统文化的关系

看到刘辉的画,就看到了刘辉的人。

刘辉的作品里面呈现了他整个人的状态和他的秉性、脾气。无论是马、猴、鹿还是鹤,神情都温和恬静,充满人性的关怀和悲悯,观之和煦温暖如春风拂面。吉祥题材绘画其实非常难,非常容易画得俗气,而刘辉的作品恰恰相反,却画出动物骨子里的温暖气质。这是非常之难得的。

支撑艺术气度的一定是文化。素养高者,格调雅。事实上,安静平和勤于创作的刘辉,一直默默地对中国吉祥题材做着研究和探索。在此,通过刘辉的作品且做一次传统题材的吉祥考。

吉,善也,本义吉祥,属会意字。在甲骨文字形上,上部像兵器,下部像盛放兵器的器具。合起来表示把兵器盛放在器中不用,以减少战争,使人民没有危难。古籍《庄子·人间世》:"虚室生白,吉祥止止。"成玄英

注:"吉者,福善之事;祥者,嘉庆之徵。"吉祥之用语,更是散见于诸经典中。在中国传统吉祥图案粉本里,无一不寄托着劳动人民对美好幸福生活的向往。这是中华民间、民族艺术和民族文化千百年来沉淀的结果,是广大劳动人民集体的智慧与创造。

自古至今,吉祥题材绘画作品浩瀚如海。那么,为何传统吉祥题材依旧具有如此鲜活的生命力?这绝不是媚俗或迎合大众的审美趣味或心理需求,而是这吉祥题材背后承载的文化内涵和人文思想。

事实上,中国传统文化是以人为本的,这种文化传统生动地活在生活当中,与每一个人的身心息息相关。任何一种文化如果与人的心灵无关,就不可能传承数千年。任何一种文化都意味着某些历史印痕和文化记忆。从另一个层面讲,吉祥题材是用以慰藉我们自己内心的。

吉祥题材在传统文化里,往往是自然事物被赋予理想化寓意,源生于广袤的劳动人民。历史的空间性共同铸就了吉祥题材的吉祥、美好与希望的精神特质,中国几千年的农耕史蕴藉着厚重而朴素的生活内涵。而吉祥题材美术作品的旺盛生命力,不仅仅唤起我们对田园牧歌式的乡村生活的向往。

第一章·今朝风日好

《马上猴》 油画 刘辉

刘辉的吉祥题材的油画作品令人称道之处，恰恰是作品里流露出丝丝缕缕的文化能量与人性光辉。潜意识里，传统文化的思维已经自然而然地呈现出生活常态化。

在当代艺术肆虐泛滥的当下，刘辉回归到传统，从传统中寻找艺术根性，至于媒介都可忽略不计。刘辉的绘画，虽然表现的是传统题材，但内容的寓意与形式却充满象征性和观念性。作为视觉的艺术，他在造型和样式上做了细节的处理，颇具匠心。他的作品显然是走心而不着痕迹的，这背后需要他对题材内容的自然属性和形体特征有清醒的认识，更需要他对其承载的文化内涵做大量的了解和解读而提炼。"夫恒物有种类，瑞物无种"，能做到这一点，其实是很难的。刘辉不仅赋予内容以新的象征意义，而且将其自然物性加以延伸并赋予新的阐释。比如刘

055

辉的《马上猴》马的胡须，令人联想到龙马。

刘辉的作品，粗犷中有细致，刚柔并济又暗合阴阳，虚实相生中洋溢着神秘，含蓄而不失典雅。他笔下的题材有个特质，动物的眼神都是半垂半遮，弥漫着一片祥和之气。如佛祖的眼睑低合，悲悯地凝视着众生。是的，很多时候动物的眼睛是不忍卒读的。刘辉的这种处理手法，恰恰与传统文化诞生的初心契合，因为所有的美好都是苦难生活本身衍生出来的。刘辉这种笔触处处与传统文化的叙事经验相契合，这一点恰恰具有群体性。

有一个哲学问题，其实一直默默地存在于我们生活中，时时警醒。西方的哲学往往随着一代哲人的逝去而成为纸本。而中国的《道德经》，区区五千字，却长盛不衰，常读常新。根本原因在于它是活的。《道德经》蕴含的哲学思想本身就是现实生活中的文化意识、价值观、生活方式的精华，它与劳动大众的生命密切相关，相互印证，生生不息地滋养着一代代人也是水到渠成的事。

很多人在艺术探索的道路上往往容易迷失于表象。刘辉没有被外界繁华虚幻迷惑，而是安安静静地走上与传统文化源头接轨的方向，在问道传统文化中，怀一份敬畏心，直视自然、文化与人文。其实我们大多数人都往往习惯于从汉字、典籍、建筑、帝王将相里认识中国和中国文化，很少从一个文化符号、一个文化习俗抑或一件民间艺术品里去探索中国文化的本质和内涵。而刘辉选择了传统的吉祥题材，呈现出一个全新的艺术视觉和创作面貌。而人文关怀以现实性的语言来表达，体现出画者对中国传统文化和审美趣味的考量。传统的艺术图像和造型意识可以借鉴，表达方式和手段可以扩展，题材可以纵深，探索传统文化的历史根源与艺术共生性和浑生性，以及题材承载的心理状态和情感关系，一直是刘辉要做并一直做着的。

路漫漫其修远兮，前行中，蓦然回首，传统文明从来没有壁垒和高墙。只要你是觉悟者，站立在朴素的远古文明的土地上，便能一眼看到混沌初开的天地。

谨以此文，寄予刘辉以吉祥的祝福！

光阴的诗经
——雕刻时间宋红楠

《诗经》是中国最美的文字！近读《诗经》，沉湎之余总是情不自禁感慨。最喜《诗经》里那些面目或清明或朦胧的植物，以安静的姿态绘成一幅幅幽美素雅的光阴画卷。上古原本田间地头的歌谣，在今天竟成天书，需译注方得解。而邂逅宋红楠的木刻版画《平和四季》后，突然觉得原来那么遥远的诗经距离我们如此近！

《平和四季》 木刻版画 宋红楠

第一章·今朝风日好

　　宋红楠的木刻版画《平和四季》就是这样以植物的灵性一步步走进远古文明的四季，展开艺术和时间的诗性对话，满纸洋溢着对华夏文明的家国情怀。他的作品以二十四节气里的蛰、雨、芒、暑、露、降、雪、寒命名，意象地刻画了四季与生命的轮回、植物与自然的关系、天道与人文的互文，充满时间和生命的哲性。而作品以穹天辽地的悬挂竖轴式和中国传统绘画的朱印钤章的方式，八幅挂轴一字排开，向传统文化致以回望和敬意，凝重肃穆。

　　农历二十四节气，作为中国古代指导农事的补充历法，浓缩了劳动人民长期的经验和智慧，已然化成中华文

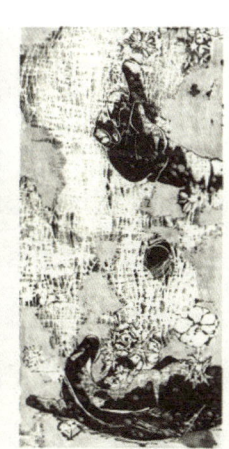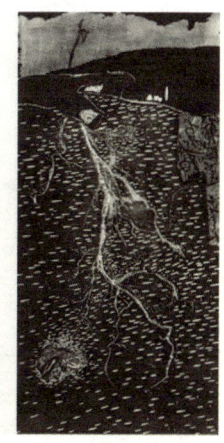

明血脉的一个细胞。宋红楠,以二十四节气作为创作主题,用一把刻刀,散文行笔般串联岁时节序中的光阴之美、幽趣之美、植物之美,惊觉自然歇脚如此动情。岁月如歌般的行板,不是植物无意,也不是人类无情,是时间如水,缓缓滴穿我们的思维。

宋红楠的版画《平和四季》,以黑白灰为主色,画面上的植物或枝叶饱满或根须曲虬,土地或润泽或冷凝,都以墨色浓淡和刻线疏密随形而彰,清新洒脱。在结构的疏密、点画的轻重、行笔的缓急中,听到花开的声音、风穿过树叶的沙沙声、脉脉的雨声、雪落的簌簌声……倾听自然,呼吸与自然一致,有我无我。自然征候的形象就这样辉映着创作者内心的情感。题材本身所承载的意韵,就在枝叶舒展或萧瑟里呈现出的灵动的生命意象。问意不写实,求其神似,气韵完足悠长恬淡为上,颇得中国写意之境。

宋红楠这套版画并不强调笔墨的理式程式,也不追求气势雄险的图式或老辣悍霸之风格,而是以平和的方式,自然流露出自身体察自然所领悟到的生命之象。意象之中又含虚白抽象之美,自然之规寓于随心走笔。每幅画面里的两只手,切入人的因素,却又恰到好处地同构了人与自然的彼此关照,充满人文关怀。创作者的个体自身生命体验与四季的轮回不期而遇,自然而然地成就了这批图像,充满生命的张力。创作者对自然、生命的情感和态度,在季节的风中摇曳起舞,而光阴如诗如歌,穿行其间。

版画,是一门时间的艺术。艺术的感受力已然成为创作实践的一个重要方面。这一点于宋红楠尤其明显,这个生性执着而又敏感的"80后",创作从来以生活的体悟为基点,版画是他才情与感受力的自然释放。这套《平和四季》就是个中典型,纯手工制作,最是耗神费力。宋红楠的毕业创作是一幅200平方米的巨幅"造神"题材的木版画,耗时一年多。也许是心力交瘁,他毕业后大病一场。病后的宋红楠开悟了,心境变得平和。之后他开始游走自然,而这套版画就是在这一年的游历里制作而成。行走的意义,就在于阅尽繁华后,心灵归于安然。而创作使得他对艺术有了更为宽广深刻的体悟,对生命意义的追问中顺其自然地融入刻写中。

时间一点点叠加,四季一日日更迭,在一遍遍推翻与重构中,时间的维度就这样默读摹写着生命的温度,而艺术作品就这样栖居着一颗善感的心灵。一段成长的经历指向艺术的自然朴素的本质,而情愫和心境的记忆湮没在岁月的往事里，在不断前行中，找回泥土草木之美，满怀对自然和生命的尊重。

时间雕刻了艺术，艺术摹写着时间。时间在艺术中穿行，遑论作品本身或创作手段，时间在艺术里充满质感——粗糙而敏感、平和而疼痛、典雅而充盈、庄重而气魄。富于东方哲学意味的黑白灰色彩，更是以相的姿态清晰地定格，平静而从容地连贯着，延伸着……

《诗经》之美，在于其永不枯竭的生命力。阅读宋红楠的《平和四季》的心路历程，回望远古的文明，内心的一爱一恨，容颜的一颦一笑，山风的一呼一吸，雨雪的一飘一落，切近切远地缥缈。

落笔时节，暑气已褪，瓜果次第蒂落，青葱渐渐变得斑驳，一场雨添一分凉，日子就这样飘然入秋。不久，冬雪要落了。时间如水流过我的眼眸，四季的光景投射在我宁静的心湖上，如是自然。

第二章

指尖上的自然心

朝天措

翰林三千首,风流付与英豪。
千古风月,凤凰台上吹箫。
纷纷但尘土,疏疏一树玉色摇。
凭谁寄,红泥缄就锦字烧。
山长水阔何处?杏花春雨江南又是。
乾坤大,银汉何迢迢。

——贺疆

先 生
——由信王军的《民国先生》说开去

先生,这个称呼由来已久。因时因对象不同而所指不同。然而指称有学问的长者,则始于孟子。先生多指男性,衍伸之处也指有较高修为德高望重的社会女性,比如宋庆龄先生。

第一次接触"先生"一词,则是小时候,父亲牵着我的小手,走进学堂,指着一个戴眼镜的老人让我鞠躬,说:"快叫先生。"只一声"先生",只一个鞠躬,就让这两字在我心中庄严神圣起来。中学时,读鲁迅的《藤野先生》,白描的手法,无端端勾起对已故的儿时恩师的回忆,心生暖意。

随着时间推移,世间种种称谓被拿来反复烘烤,变了味道。独独先生一词,不曾被大肆玷污。尽管这是一个人人皆可为大师的时代,然,先生二字并不是人人都可以冠之,可以担当得起的。不为其他,只为这两个字的平和大气背后的深邃和凝重。更多时候,先生二字在我心中已经抽离成一种风骨、一种精神、一种思想、一种象征，已然不是一个具象的人。

先生，关于这个题材，其实并不陌生，早年，有深圳广电局邓康延执导过纪录片《先生》，讲述了十个民国教育界的先驱人士。也曾掀起来一股热潮对民国教育与文化的探索和今日教育之反思，但影响没有预期的大。陈丹青也曾说过："这些人在民国的影响，远远大于今天在阅读界的影响，当时真的是全社会的影响，几乎改变了整个中国当时的文化。"只不过，他创作的民国人物，依旧沿袭他的写实风格，并没有做到与之言论的比肩。

信王军的《民国先生》系列素描小品，小到宛若不甚清晰的黑白老照片翻拍或扫描，像素不高，却平添一份怀旧情愫。画幅之精小与风神之宛然成反比并非易事。画幅愈小愈显功力，而形神兼备则需要钩沉与神遇。信王军的小像侧重眼神与表情的表达，藉此揭示一个人内心的情感世界和精神气质。每一个人的性情、命运、修为，既卓尔不群又以身济世，影响深远。每一个名字，都值得大书特书，树碑立传。

百年已逝，语境不再。然而，当一个个特立独行的先生，以集体的形式亮相时，竟有时空错位的穿越感。顿

第二章·指尖上的自然心

觉,历史不是无生气的记录,而是一批人营造了一个时代。以为国传承之担当,弱身御乱世,示范风骨与风度,为民族之文化与风神做最清明最尊严的书写,只需点墨晕染、铁线浅勾便鲜活顾盼狼烟而起。一帧帧炭笔小像,细细勾勒,线条细腻而柔暖,读来温馨而忧伤。回望,一排排小像如一列列人墙,排山倒海而来,磅礴呼啸酣畅淋漓。这些《民国先生》与其说是对一个个先生的致敬,倒不如说是对一个时代的致敬,对一种风骨与精神的致敬。

曾经一度尘封落寞的名字,在流年的觥筹交错中,渐渐湮没。在当下,读一个个名字,跌宕起伏的人生和九曲回肠的国运交相回应,为一个时代泼洒浓墨重彩。一双双悲悯的眼睛,凝望到你的内心,然后在你心里长出一棵树,枝枝叶叶都是对生命的敬畏和家国的和煦。信王军对民国先生素描写像,在此有了一份追寻意味。追寻"先生"们,重新审视和研究他们。

《胡适先生》 素描 信王军

今朝风日好
——中国当代艺术个案鉴赏

世间事，往往看上去远离的人和事，却总能找到相通之处。信王军的《民国先生》于历史钩沉中缅怀追寻，其实只为一个主题"吾道一以贯之"。他以艺术画影的方式，将历史和现实嫁接起来，把历史记忆深处的陈年往事激活。那些远去的风云在某个节点，突然至情至性、有声有色、有棱有角起来。让我们遂想起，在并不遥远的历史曾经有那样一个时代，曾经有那样一批人物。他们那样地想着，那样地活着。他们守护、张扬、践行的精神、传统、风骨，在今天是陌生的疏离的。《民国先生》简洁的素像，没有赘笔烦琐的絮叨，却将民国那些人物的风骨和气节勾画得栩栩如生，宛若一剂醒脑汤，一饮而尽，心中泛起怀旧追古和家国的文化情怀。尺寸的篇幅，情感的深度和广度具有流泻千里之势，犹能令人低回不已。追寻历史与臧否人物，若拥有一种悲天悯人的情怀则为难得。其意义远远超越打捞一段不可复制的记忆，还原一段段精彩的人生。

其实，为每一位先生画像，但凡受过学院系统训练者，画得像是必备之功。然而要抓其神，需要在故纸堆里翻检，需要心灵上重走一番先生之路，在心灵羁旅中踏起尘土，再尘埃落定，之间必然历经一番辗转轮回生死涅槃。其实，对信王军并不熟悉，然而，就其落笔成像的气质，知其应是外表沉静而内心肆意激越。风吹乱了书卷灯影，但吹不散他心头的印痕。沧桑注定落在生命里，在时空之外与故人故国对话，矍铄高古，出世入世，虽千万人亦独往矣。是清醒？是觉醒？是回望？是守望？是期冀？是反思？是立场？还是其他？或许都有，甚至更深；抑或只是客观书写。至于解读是读者之事。

　　信王军的细笔小画，颇有寄情于静谧之倾向，叙事语言独特。素写勾勒成全了其富于哲学意味的精神探求。后现代时代的世界里，追溯或温习一个时代的宏阔，寻找灵魂的归宿，实现着精神的突围。淡淡的笔墨和黑白灰的明暗过渡，平淡自然的细致勾勒，读来松弛、自然而亲切。然而，貌似平淡的背后却是振魄之弦，深沉的忧患和质朴的含蓄，坦率的倾诉和赤子的情怀，对生命的感悟和对人生的体悟直指人心。跋涉于万物皆于吾心和健行不息的一份古今苍莽襟怀，对人性之灯的召唤和追缅，在此意义上成全了他漂泊的精神皈依。于是，那一个个民国先生，就有了暗示性的魅力，营造了一个不同于现实性的另一个完美世界和氛围，让读者入境、思考、领悟和审视。艺术家的创作既有鲜明的个性色彩又体现出极强的主体人格精

今朝风日好
——中国当代艺术个案鉴赏

神,而二者又在亘古与时下做高妙的衔接组合,不露半点痕迹,怎不令人诺诺连声!

细算来,逝水匆匆,已是百年。何谓先生?先生何为?信王军不是学者,他是艺术家,他没有给先生加以任何定义或框定,但却有着他自己的解读、阐释和无声的立场表达。细读每一个小像,眼神内涵的坚守就是对"先生"一词最好的诠释,也给每一个读者以方向的指引。

总想起,在台湾,胡适墓碑上题写着蒋介石的字"智德兼隆",以及穿越古今的挽联:"新文化中旧道德的楷模,旧伦理中新思想的师表。"二人政见思想颇多不和,私下互相也颇多指摘,但在学问与修为上却又是惺惺相惜。风骨二字,兹事体大!

宋代张咏诗云:"莫讶临歧再回首,江山重叠故人稀。"唏嘘信然。数日前,古城西安某新闻摘录我的文章,在我名字后加上了先生二字。固然知道,其对我性别误读多于尊重。汗颜之余,却也闪过一丝旖念:身后百年,也愿有人喊一声先生。

那么,你呢?

高名潞的图腾

每一个人心中都有自己的图腾,大到一个国家一个民族,小到一个人的信仰。

十年草原生活,于高名潞而言,已经成为其精神的原乡。在性格养成期来到内蒙古草原,草原生活无形中塑造了他的人,草原的风、草原的草、草原的牛羊、草原的气候、草原的歌声、草原的寂寞、草原的雄浑、草原的朴素,粗粝地雕刻着他的内心和气质。从某种意义上讲,内蒙古草原是高名潞人生之路的起点。而那段草原时光,如一盏暗夜的明灯,在漫漫岁月的跋涉里,温暖着他的心灵。

"天苍苍,野茫茫,风吹草低见牛羊。"这是大多数人对草原的印象,这是诗化的草原,是文学艺术处理过的镜像,属审美意义层面。作为外来客,草原的真相,从蒙古马头琴飘荡出的长调里才能体会出丝丝缕缕。大概,在音乐的世界里,蒙古长调是最具有民族特色的历史与文

今朝风日好
——中国当代艺术个案鉴赏

化内涵的口传形式之一。一个音符就唱活了一个民族的形象，呼唤的是灵魂深处最最原始的情感，那是生命无法承受的恒常寂寥与环境更迭的无力。那种锥心的辽远与生命的空茫，只有真正生活在那里的人，才能深味那种生命的内涵。

曾经有人这样问过高名潞："内蒙古放牧五年，草原的最大特征是什么？"高名潞的回答只有两个字："孤寂。"

《乌兰察布的家·雪后》 纸上水粉 高名潞

第二章 · 指尖上的自然心

是的。蓝天、白云、草原、蒙古包、畜群……这不是油画，是真实的。人在这里生活，生命好似静止般，日复一日重复的单调，可相伴的是草原的风声、牛羊"咔哧咔哧"吃草的声音和自己的心跳。这不仅是对人耐力的考验，更是一种人与自然浑然一体的生命体验。草原人为何总是那么沉默那么寡言？因为，这个在自然环境与历史境遇下历经了沧海桑田的民族悟透了生命的真谛，在沉默里体认自我，在单调里确认自己，在自然里找到真实的自己。

于高名潞亦是如此，五年的放牧生活，近两千个日日夜夜，他已经完完全全蜕变成一个真正意义上的草原人。在孤寂的放牧里，时间的概念简化成一早一晚，出牧和牧归。在与暴风雪的生死际遇里，人力的孤独与自然力的粗暴的抗衡，明了人与自然的永恒息息相关。当生命回归到朴素的本初，才能无限接近天地。这也是高名潞在内蒙古草原接受的最直接、最恢宏的磨砺和修炼。这种体认在之后高名潞的每一次举动中处处峥嵘。

算来，高名潞离开草原已经四十余年，生活距离草原越来越远，而内心却越来越贴近草原。这四十余年，他再没有踏足过草原，而草原一直蕴藉在他的内心，一万五千

今朝风日好
——中国当代艺术个案鉴赏

多个的日子里，夜夜在他梦里萦绕。真正的怀想，不在于形式，而是融化成骨血的一部分，成为精神的寄寓。了解高名潞的草原经历，就会理解一派儒雅风度的他，为何总能做出轰轰烈烈的事情。素常生活的静默与疏离和风口浪尖的粗粝与大气，就这样勾勒着高名潞的形象与气质，而草原文化如长调般潜移默化地吟唱着他的人生。

高名潞，这个与共和国同龄的人，注定了参与历史的书写。高名潞的70年代是历史背景下的境遇，既有那个时代和一代人的共性，又有其独特鲜明的个性。他人生中至关重要的十年时光，是以绘画的形式记载的。特殊年月里的草原的风貌、草原生活的记忆就这样在他当年的创作里定格下来，带着那个年代的真诚与热忱，带着那代人的理想与朴实。数百件作品排开去，已经超越了作品本身的意义，这是一个时代的缩影、一个民族的横截面、一段人生的摹刻。翻阅这批作品，宛若阅读一段历史，审视一代人的心路。一幅幅看过去，除了震撼只有震撼。

高名潞说："幸福都是在孤寂中孕育，在孤寂中等待，在孤寂中品尝和回忆。"很多时候，曾经的磨难不是非要撕心裂肺的哭喊，恰恰是那种轻描淡写的诉说，那种如日升日落般自然的平静才最具有直指人心的力量。包容、沉默与坚韧、粗粝，是高名潞的性格，蒙古民族的性格如此，中华民族的性格也是如此，而这具有民族特色的作品，也因此具有了一个民族一部断代史的史诗般的局部篇章的魅力。

阅览高名潞这一批70年代作品，仿佛看见年轻的高名潞走来。草原生活时期的高名潞，一种宿命般的忍耐与沉默和倔强的抗争始终贯穿其中，这种性格灵光在他之后的人生中也时时闪现。一个有情怀的人，不堪回首的年月，在他的岁月概念里沉淀成最静美的画面。而那段经历中人与人、人与动物、人与自然的关系，那种人类与物种之间相依相傍的眷恋和物竞天择面前的隐忍的恐惧，以及寻找人生方向和空间的茫然和怆然，构成奇特的镜像关系，实实在在地落到了实处。洋溢在画面上绵绵平静的情感氛围冲击着观者，而不是简单苍白的诉说。苏式特质的素描、水彩与油画，彰显着高名潞的笔下功力，也自然地流露着他透过表面窥本质的能力。而这归功于草原生涯里对自然和生命的朴素的情感和认知。

看作品，一如看人。于作者，是其感性宣泄的过程，于观者，是理性探索的过程。高名潞的70年代，一如蒙古长调，明丽安静中带着淡淡的薄愁和原始血性的泰然。

哀而不伤是中国古典美学境界。沉郁和苍凉用来形容人生以及大气磅礴的作品，深沉和内敛看作是人品和作品的至境，静水深流是一个人品质的最好描述，而温情脉脉的诉说是心安的归处。

高名潞的人生书写很男人，铁钩银划般的文笔。在今天，回首离别四十多年的草原，曾经的十年光阴，宛若一场说走就走的行程，貌似浪漫的一句话，实则充满无法言说的艰辛。而之后的四十年的人生路，从未须臾稍离长调的回荡，一份对自然、对生命、对时空的敬畏，化作蓝天白云草原的肃穆与静美。

总是想起，高名潞讲述当年的草原经历时，眼里闪烁的亮光、脸上洋溢的笑容……

贺疆手记：剑客高名潞

高名潞，高高瘦瘦，语调低沉，语速缓慢，气质儒雅，博学多思，学者典范。任何一个熟悉或不熟悉高名潞的人，都不会把他跟轰轰烈烈或风口浪尖的事情联系起来，但是偏偏他就是。这也许跟他的性格有关，沉静儒雅的他，骨子里却有很锋利的东西，铮铮作响。

每每面对高名潞，我都有一种很奇怪的感觉，觉得他

第二章·指尖上的自然心

是一把剑，一把朴素内敛而又剑气如虹的名器。高名潞是一名剑客，身佩名剑，心怀紫箫。同时他也是一个寂寞的剑客，人们看到他辉煌的一面，却看不到他背后的牺牲。人剑合一之境，无形无相。

剑客至境，必定是剑胆箫心。剑是骨气，箫是情怀。高名潞为学著文，无不关乎中国现当代艺术的未来与指向，其"意派"这一中国艺术理论架构，也终将会对话西方艺术话语权。

《自画像》 素描 高名潞

少时离家，支边内蒙古。青年晋京，读书著文。八九大展，十年闭关。再度出关，意派论道。又十年著述，厘清西方艺术史。这大致是高名潞的人生轨迹。高名潞的常态用一个现在很流行的词"宅"来形容很恰当，安安静静地读书写作，扎扎实实做学问。偶尔出面做事，也必定与其研究学问相关。耐人寻味的是，恰如一石入水激起层层浪。而他这投石人，早已转身安坐书斋，沉浸在学术研究中了。

这就是高名潞！

旗　帜
——探源乔晓光与民间美术

地图，除了我们最常见的区域规划的图志功能外，还有气候、矿藏、物种等标识功能。乔晓光也有一张地图，与最常见的区划地图并无二致，但是却标满了红点。他说，经考证，全国有剪纸遗存的地方约33个，他到过的地方有25个，每到一个地方都点一个红点。是增法、也是减法。增的是红点越多，被考证的地方越多。减的是红点越多，待考证的地方越少。而这一增一减之间，时间已经过去了三十余年，乔晓光的两鬓也布满了霜雪。

地图上的红点，有的在边陲，有的在深山。面对地图上或疏或密的红点，你是否有不知所措无所适从的感觉，那抬起的一只脚不知该往哪里落地。那么，我们还是从头追逐乔晓光的脚步，就从冀南平原的那片玉米地开始吧。

从玉米地起步：提出民间美术观念

提起乔晓光，很多人会说，就是那个玉米地艺术家吧。是的,乔晓光的的确确是中国第一个画玉米地的艺术家。玉米地,这个纯朴到令人忽略,甚至认为不能入画的乡村题材,却成为乔晓光关注的重心,成为其精神的载体和灵魂的寄寓。那一棵棵玉米,是黄土地上一个个的劳动者,恣肆粗犷,充满性格和力量。

《玉米地》 油画 乔晓光

其实乔晓光画的不是玉米地，而是内心对生长玉米的这块土地的深沉的情感。玉米地只是一个载体，精神的载体。乔晓光说："当我在画布上播种下葱绿茂盛的玉米地，便游入了生命的圣田，像古老民间流传至今的剪纸神娃，玉米林就是我生命的扶桑之树，我信仰的太阳正是从这里升起。"

乔晓光之所以以玉米地为艺术载体，这跟当时的社会背景和文化语境有着直接的关系，更与乔晓光骨子里的敏锐性有关。

在中国，20世纪80年代是一个空前绝后的分水岭。之前，尽管这片土地经历了战火、灾荒、"文革"浩劫等，但是农业依旧如原上草，春风复生。但之后的二三十年间时间，农业被飞速地替代，自给自足的农村经济被连根拔起。幸运的是，乔晓光的青少年时期，经历了农耕社会最后的辉煌。早年工作生活的冀南平原深厚的民间艺术的玉米地，早已奠定了他走向民间母体的艺术道路。随着时间的推移，乔晓光的脚步一直奔跑在这块给他最最美好记忆的"玉米地"上，亲切、自然、踏实。

乔晓光的父亲是中学美术教师，支持他进京看展览，给他订报刊，中学时的乔晓光经常剪报，把喜欢的图片和文字剪贴起来。并参与大宣传画、壁画的创作,高一时,就可以画独立的整幅大壁画了。那时创作的《矿山的早晨》就曾受到中央美术学院教师的好评。中学时期的乔晓光已经开始把民间美术引进校园,他手刻蜡版制作教材,编写了三万字教材。并跑到北京中国图片公司买反转片,制作了幻灯片在全校播放讲座。

"85美术新潮"时期,美术界一片西风倒。而乔晓光却蜗居在冀南平原的一个小城中,发出立足本土艺术,对民间美术进行现代性的阐释、转换和解读的声音。1985年,乔晓光创作了第一幅《玉米地》,完全不同于当时盛行的西方油画的视觉,靳之林先生曾这样评价:"他以农民的情感和农民的语言完成了意象造型,原因在于他视玉米地里的每一棵玉米都是充满生命活力的生命之树。并升华为中国本原哲学意识的生命之扶桑树。"乔晓光的玉米地借助了后印象派并与民间艺术语言相结合,他独有的艺术语言倾泻着他对民间美术的深情,玉米地也成为他的个人符号标志,至今仍有人称他玉米地艺术家。

1986年元月,乔晓光与另外两个朋友成立的"米羊画室"在河北石家庄举办了一次展览,引起轰动,还被推荐到北京做展览。虽然因为种种原因没有举办,但是《美术》杂志和《中国美术报》都刊发了相关文章，刘骁纯和高名潞分别撰文，他们把"米羊画室"定义为一个从本土民间艺术出发来寻求现代艺术发展方向的独立北方青年团体。

1993年，中央美院赴俄罗斯展，靳尚谊先生挑选了乔晓光一张油画《玉米地》，说这就是我们中国的。随后，乔晓光的油画《玉米地》入选第八届全国美展，并把展览开到了欧洲。正如靳之林先生所说的那样，民间艺术土壤奠定了他走向民间母体的艺术道路。这条路，在他面前延展开去。这条路让他踏进中央美院、踏向黄河、走向世界……

沿着河走：提出活态文化概念

黄河，千百年来被称为母亲河。而民间剪纸，乔晓光深情地唤作"母亲河"，但他也无比痛心地写下"正在消失的母亲河"。

如果说，20世纪80年代初，乔晓光对木版年画和剪纸的兴趣以及进行的相关考察，是属于自发状态的话。那么从自发到自觉，则是由之后的三十年慢慢转化而来。1988年，乔晓光考取了中央美术学院民间美术系研究生。之后十年时间沿着黄河走,走完了黄河走长江,再之后又是剪纸申遗十年的寻访路。这一走,他就真正地走进了剪纸的世界,也发现了剪刀下的文化河。他对剪纸的关注是真正地进入了自觉状态,甚至是痴迷。

2001年,推介非物质文化遗产认知伊始,乔晓光创造性地提出"活态文化"概念,这种本土化语境理解的价值概念,一经提出就得到社会上广泛的认同。它不仅点明了活态特征,而且反映了非物质文化以人为本、口传心授的文化活态传承方式。既基于本土语境理解,又涵盖了教科文非物质文化传承中强调的"文化空间"的整体性保护意识。

"活态文化"概念的提出,改变了人们习以为常的思想价值观念。我们都习惯于从文字里寻找文化,而忽视了在漫长的农耕文明里,在民间,文化传承的态势是一种口传心授的方式。

走田野考察的三十年里,无论是陕北的窑洞,还是安徽的民居村落,无论是贵州苗族的吊脚楼,还是江西客家围屋、福建的土楼,古老的村庄,是中国民族文化的最后一道风景线。而静静剪花的剪花奶奶和剪花娘子们以及村社里的民俗,是文明的阐释者。常常是剪花奶奶一边剪纸一边吟唱,乔晓光一边听一边记录一边流泪。他说,要把村庄里的故事讲出来，而不是用村庄里的故事去填充编织学术的梦想。

活态的民间生活，造就了活态的剪纸传统。世界上，没有一个民族像中国这样拥有着多民族与漫长的历史以及浩浩荡荡的妇女剪纸群体。一把剪刀记载着这个国家和民族最真切最古老的文化信息。民间剪纸所蕴含的文化早已超越了剪纸本身，它承载着一个民族的精神记忆和文化能量，不仅仅代表着不同民族的文化特征和艺术风格，也反映了在地域文化中的文化带分布以及在民族融合中伴生的文化融合与流变，因此，剪纸也成为人们了解华夏民族的珍贵资料。

乔晓光说："文化是一种人对生命敏感和谐的感受体验，是人内心里一种无形的精神存在，真正的文化是和生命一体存活的。"乔晓光的活态文化概念，不仅加深了对中华民族文化根源的认知，而且，将其置于中国民族多民族共生互融、文化多样的文化背景下。浅层次的族群生命记忆和深层次全民族的群体文化意识，都基于一个朴素的信仰。"活态文化"概念的核心是以人为本。其内涵是一种文化价值观和历史价值观，以不同地域的民间文化为支撑的活的文化史。其意旨就是保护民族文化的多样性，守住中国民族文化的底线。

中国的民间剪纸，大多有着美好吉祥的愿望和期冀，洋溢着人性的光辉，与劳动妇女苦难的人生经历形成鲜明的反差。生活本来就是苦的，但是呈现出来的却是安详。记得乔晓光曾平静地说过一句话："当八十多岁的奶奶，一生苦难，仍笑呵呵地把你奉为上宾，端茶倒水。那一刻，什么都不用说了，什么都明白了。在奶奶面前你就是个孩子。"这就是人性的光辉。

走遍民间：十年剪纸申遗路

中国民间剪纸，因为乔晓光，从被遮蔽、被忽略、被认为粗鄙，到最终登上了大雅之堂，受到应有的尊重。但中国的剪纸申遗，可以说是一个人的战役。

2001年乔晓光接任中国民间剪纸研究会第三任会长，同时也接过了为中国剪纸申报非物质文化遗产的重任。到2009年申遗成功，算来十年时光，他扛着申遗大旗，带领几个学生跋涉在田野里。他戏谑地称为用眼前的人，做天边的事。

根据联合国教科文组织的要求，申请非物质文化遗产，不仅要梳理出历史沿革，还要普查评选一批传承人，拍摄录像，建立生态保护村，召开国际会议，办一次大型展览，出版一本中英文画册，等等。这些工作耗时耗力不说，更重要的是需要资金支持。而他能支配的资金只有美国福特基金会提供的5万美元，区区40万人民币却要干400万元的事。没有团队，也没有钱组建团队，只有他这个光杆司令。

为了拍摄二十几个传承人，乔晓光走遍了天涯海角，白天扛摄像机，晚上赶写采访脚本，而行旅一切从简从便宜。为了争取到朋友帮忙和各地支持，他戏说自己练就一个四处感动人的本事。几年下来，申遗资料里单单文案就积攒了几十万字。在整理资料的过程中，他经常有种悲凉无力感，由于工业时代对农耕社会的冲击，剪花娘子人数的锐减。剪纸申请非物质文化遗产保护，也许是剪纸艺术活下来的最后希望。

没有人手，乔晓光结合民间美术教学的常规手段，村落田野调查既锻炼了学生又完成了少数民族剪纸的抢救性调研部分工作。当年，中央美术学院以学校名义申请剪纸非物质文化遗产合作项目时，最初被联合国教科文组织拒之门外。他们只支持国家行为，从来没有接受过一个学校的申请。乔晓光以其诚挚的姿态为自己争取到十分钟的演讲机会，说服了联合国教科文组织同意中央美术学院申请剪纸非遗。

2002年5月，经教育部备案的中央美术学院非物质文化遗产研究中心成立，乔晓光任主任。而民间美术这一学科，从20世纪30年代的鲁艺木刻版画，到靳之林的民间美术工作，到乔晓光的非物质文化遗产和活态文化，八十多年，三代人，一个学科，坚持"书院和田间"结合的教学与实践方式，围绕着民间剪纸外衍出的研究和创作依旧在推进和深入，这成为全世界大学里无可匹敌的个案，成为学术界一面烈烈的旗帜！

乔晓光相信星星之火可以燎原，他提出共享理念，把自己这些年从事民间美术的知识和经验，毫不吝啬地分享给兄弟院校，让更多人参与进来，并开始关注和保护民间美术。

走向世界的剪纸：乔晓光与剪纸的缘分

乔晓光与剪纸的缘分，总有种宿命感。这种命中注定可以追溯到20世纪80年代。

中学时自发推介民间美术，剪纸是其中之一。大学毕业后在衡水六年，他偶得一本《张林召剪纸》，这位陕北民间剪纸艺术家的朴拙之风对乔晓光影响深远，他把张林召与法国马蒂斯等同视之。

早在1985年，刘骁纯就曾在《中国美术报》上重点推介过乔晓光的剪纸。但彼时的剪纸之于乔晓光，只是视觉的审美和单纯的本土情结，也可以说是潜意识下对艺术草根性的自发选择。只是他并没有预料到，他与剪纸偶然的邂逅，竟然在他之后的人生中举足轻重。

在20世纪80年代末90年代初，当很多国人纷纷选择出国时，乔晓光却选择了深入农村。在走黄河期间，乔晓光与剪纸神遇。1988年夏，他一脚踏进一家陕北常见的土窑洞里，库淑兰那满墙的套贴剪纸震撼了乔晓光的内心。后来他说，只有两个字"辉煌"。从此，剪纸真正走进了乔晓光的艺术生命里。

乔晓光认为，流传了1500多年的剪纸，绝不仅仅是一张纸，而是关乎历史、文化与人文，他毅然决然地扛起了剪纸申遗的大旗，直至2009年中国剪纸终于成功入选世界非物质文化遗产名录。申遗之初，他撰写《活态文化》一书，提出"活态文化"概念，并得到社会认同。个中拳拳之心，溢于字里行间。在遍访民间剪纸传承人的田野考察中，乔晓光的艺术触角不断汲取民间美术的滋养。作为艺术家的乔晓光,其剪纸作品已经脱离传统剪纸范畴,而是艺术创作,并形成自己独特的艺术语言,形式自由、造型粗犷,气质硬朗,如同他的人。

乔晓光经常说:"心灵手巧,手越巧越贴近内心。"心灵自由了,剪纸也就放达了。乔晓光的剪纸艺术深深根植于民间这块大地,触角多维,他以一个艺术家的敏锐和世界性眼光,让剪纸具有了时代感和当下性。从芬兰民间史诗《卡拉瓦乔》的传唱到《寻找娜拉》的舞台背景,使诗歌、文学、戏剧与剪纸都得以本土化表达,立体地营造了文化空间,实现了不同文化在同一个空间里的对话和辉映。

《寻找娜拉》的舞台背景 乔晓光剪纸

今朝风日好
——中国当代艺术个案鉴赏

从美国芝加哥奥黑尔机场创作的装置作品《城市之窗》，到《纸的对话——龙和我们的故事》剪纸艺术展上乔晓光的《鱼龙变化》，这些剪纸创作，凝注着深厚的中国传统文化和历史积淀。乔晓光让世界重新认识中国传统文化的流变，更让这属于遗产范畴的文化样式变成当代艺术的一种范式，有机地将公共性、独创性、民族性融为一体。

通向本源的艺术：乔晓光艺术与本源文化

"对农民没有感情，就不要研究民间美术。"乔晓光说。

乔晓光是一个艺术家，同时又是一个人文学者。很多人难以界定他的身份，其实，无论冠以何种头衔何种身份，乔晓光始终是乔晓光，他是一个完整意义上的人。有的人一生能做好一件事已是不易，他却能左右开弓八面威风。高名潞曾经这样评价过他："乔晓光就像一个箩筐，什么都能装进去。"就单单看乔晓光的艺术，也是发散而多维的，无论是油画还是水墨抑或剪纸，从玉米地到水墨与剪纸的融合，从民间美术到对偶思维，乔晓光的艺术现代性清晰地指向中国传统文化的源头——本源文化。

第二章·指尖上的自然心

《太阳鸟》 水墨 乔晓光

三十年民间路,三十年田野考察,民间美术已经融进乔晓光的骨血里。民间美术滋养着他,他的艺术创作也是典型的活态文化。于是,艺术创作与他的民间美术研究是一种互证和参验关系。艺术创作的媒介,不论油画、水墨、剪纸,只不过是题材和介质扩展而已,都没有脱离对民间美术研究的思考和实践,也是对学术研判的一种借鉴和佐证。

今朝风日好
—— 中国当代艺术个案鉴赏

乔晓光的近年来的水墨创作，带有明显的传统文化符号，抽象而简洁却充满生命力。三十年的民间美术的田野考察和十多年的剪纸非遗项目，乔晓光发现了中国文化的奥秘，民间美术的图像和造型讲述着全人类共同的文化记忆，关乎民族的思维和伦理情感的成长。而乔晓光的水墨艺术创作实际上就是对悠久的传统文化的挖掘和致敬。他对民族的文化谱系和世界的文化叙事本体进行艺术的挖掘和重构，涵盖了学术、知识、哲学、人文、历史、文化等。这种直通本源文化的多维度的现代艺术探索无疑是有意义的，他向中国正寻找出路的当代艺术提供了一种实验的可能性和可行性。更重要的是，艺术创作，不是简单的文化样式类型的认同，而是信仰的认同、人性的认同、价值观的认同。

旗帜：民间美术的姿势

其实，乔晓光创下了很多第一。建立了中国第一个文化遗产日，开了教育领域第一个非遗大会，推出非物质遗产宣言，列出八条内容，在今天都一一实现了。成立第一个非物质文化遗产中心。成功申报剪纸非遗。首个提出"活态文化"，创建并完善第一个民间美术学科。

乔晓光说其他都是浮云，只想把事情做好。脚踏实地不是追求一种真正的荣誉，而是把古老的故事像蜡烛一样点亮，让人性的光芒照射四方。如何保护一个濒危的文化物种，又由谁来把那些渐行渐远的乡村活态文化推向当代社会。这才是乔晓光最最感到急迫的。那些曾被历史遗忘的东西，不能待到历史想起它的时候，它已然不在了。

非遗至今十数年，乔晓光以志愿者方式，新中国成立以来第一次梳理清楚了中国剪纸这一文化物种的分布，为其他物种提供了一个好的方法论。乔晓光乐意把方法论跟兄弟院校分享，他畅想，如果每个大学都做一个物种，那全中国了不得了啊。他希望地图上的红点越来越多越来越密。

乔晓光是一个名副其实的民间文化守望者。他守望着本土艺术最本源的文化根性，守望着民族文明最古老的文化底线和艺术情感方式。

乔晓光是守望民间文化的一面旗帜，他在漫长的时间里坚守，他的坚守与开拓也成为非遗传统与当代社会连接的一个希望。

边民与帝王
——昭通地域气质与洪浩昌作品的互文

对云南的印象是经历了从概念—具象—抽象的过程,而这个过程似乎也是一个从点到面再到点及面的演绎,从平面到立体,一点点显现。

云南于我最早是地理教科书上的概念。彩云之南的直观印象,是那个商业味浓厚的《云南印象》,但仍然是模糊而遥远的影子。云南变得具体,得益于一个在云大读研的同学,她谈起昆明四季的鲜花,别样风味的普通话,更多的是云大的会泽院、至公堂。再后来,是杨丽萍的舞蹈、叶永青的鸟雀,云南陡然间变得神秘而抽象。再后来,行走在昭通的路途上,一路向上,穿过一个个以动物命名的隧道,人在云雾里荡漾,云蒸霞蔚这个词突然具体而切近起来。再后来与昭通人接触。他们开口闭口都是:"这是全中国最好吃的苹果……这是全世界最……"洪浩昌不好意思地小声跟我说:"我们这里离夜郎国比较近。"我并没有觉得好笑,只是好奇为何远在边陲的边民

第二章·指尖上的自然心

《红土地No.2》 油画 洪浩昌

有如此的自信,并毫不避讳地张扬?

2012年深秋,艺术家的洪浩昌的随笔集《在绘画里像帝王一样俯视》面世,如出一辙的自信和自内而外流泻出的霸气。于是,一直关注洪浩昌的油画,从他那云南气质极强的画面背后,似乎触摸到昭通这片土地的地域肌理。

我们常说,一方水土养一方人。一方水土构成了一方人的骨骼、血肉与气质,在之后的人生里,这种气质烙在骨头里,无法磨灭。

地域气质,是比较玄虚的一个词语,可感知可意会而不可言传。但说地域气质,必要谈地域文化,因为地域文化涵养地域气质。

今朝风日好
——中国当代艺术个案鉴赏

"地域文化,专指中华大地特定区域源远流长、独具特色、传承至今仍发挥作用的文化传统。"这是学者普遍认同的解释,但是似乎依旧是难以具象化呈现。一方地域的宏阔,宏阔到无法涵盖的界域,那是一个悠长历史的存在和广角的现实存在,准确地阐释这个文化范畴,无疑不是易事。

但是我们可以从历史遗存里梳理一些线索和征迹。

昭通,位于云南省东北部,地势南高北低,位于云南与贵州、四川三省交界,战略地理位置上是"锁钥南滇,咽喉西蜀"。历史上的昭通是云南通向川、黔两省的重要门户,是中原地区和云南政治、经济、文化交流的桥梁,为我国著名的"南丝绸之路"的要冲。

早在新石器时代昭通就有原始人繁衍生息。昭通介于巴蜀文化与夜郎文化、滇文化的交汇点,又受中原文化影响,西汉时期就创造了灿烂的朱提文化。在云南各地尚处于蛮荒之时,昭通已经具有鲜明的人文特色。历史上与生俱来的开文明之先的优势,令这个处于边缘地带的昭通地区,拥有了一份骄傲与自豪。厚积底蕴而生发的自信,形成一种"主导意识",滋生出问鼎中心的欲望,并真的将欲望付诸行动。

历史的曲线，总有主导意识的乖张，远古的文明先河与地域的边缘，总使得好强的昭通人萌生经营天下的雄心，有一份不甘嶙峋在其中。从古代杜宇"北主"到近代龙云卢汉的"南宰"，从"以土抗流"到抗战时的战略大后方，无论是雄踞中心还是抗拒边缘，实质上都是围绕政权而展开的边缘化对抗，并不因为地缘的局限而甘愿被边缘。

云南文化的三大发祥地之一的昭通，其地域的文化渊源，有史记载可追溯到杜宇的农耕文明，秦开"五尺道"、汉筑"南夷道"，促进了当地文明的发展。西汉时的朱提文化融汇了巴蜀文化、夜郎文化、滇文化、中原文化，具有了独特鲜明的地域特色和个性特征。值得我们注意的是，昭通文化自带的一份强势气质。彝族，崇拜虎。彝族从前被称为"倮倮"，这其实源自彝族对虎的敬称，彝族自称"虎的民族"。侧面佐证了昭通原生态文化的自尊和强势，遑论五行文化。

在昭通几千年的历史演进中，民族融合和交流，既是昭通人民的抗争史，地域文化的形成史，也是一部昭通地域文化的气质流变史。了解了昭通的地缘位置、历史沿革、文化进程、风土人情之后，昭通的文化气质扑面而来。

西汉时期，昭通开创了璀璨的朱提文化。"其民好学"是"朱提文化"的精髓，崇尚读书、崇尚文化得以千年延续的传统，成为当代昭通文化群体的精神载体。"昭通文学"以精神张扬的群体自信面貌而成为一种现象，并引人注目。撑起云南文学的半壁江山的昭通文学，依旧无法回避昭通地域的气质，磅礴绵延的乌蒙山脉和惊涛拍岸的金沙江构成了他们的生活场。共同的文化背景、文化血脉、文化审美和文化思考，尽管写作方式各异，但是他们的创作构筑了一个地域文化的同质化，文学叙事具有泛民族视野。

昭通文学现象，其精神内核是那种超越物质的精神价值取向和源自边缘的自信。这种气质的传承，成为涵育精英人才的基因和底蕴。任何一个地域文化的发展都不是故步自封的，而是鲜活演进的。昭通自古的山水形胜和战略位置，使其在云南成为一个历史上的交通枢纽和文化生态的符号和表征。这里自古与闭塞无缘、自古发达的云南东北要塞，突然在当下以一隅偏暗而给人落后的印象。生于斯长于斯的昭通人，地域自信诱发的非地域情怀，在地域血脉里演绎成一种生命哲学的呼唤。

第二章·指尖上的自然心

一个地域数千年的嬗变过程，已然形成了自己的传统。一个地域现象的产生，也必有其本质属性，原发的自然属性。这种自信和心态，是昭通人自古垂今，层浪重叠的精神之旅——唐继尧之于总督，姜亮夫之于国学。这其间自然有先天之本和后天顺势之合力。回顾，顺应文化走势又有主导意识的人士，往往在走出昭通，在全国视域和时代突围的较量中，才成就了其"王者气度"或"王者风范"。

昭通地域文化和昭通现象是难以用数学符号勾连等同的，唯有在母体文化的折射中，在生活场域气质深植里，探知昭通之子的昭通烙印。而一个人的成就高低，与其对乡土文化（母体文化）的消化、吸收、传承、扬弃须臾休戚，总不乏地域文化的特性背后对地域文化的认同度，尽管有种种现代性的书写或表达，但精神气质的涵育是贯通的。

得与不得，成就高下，自知，人知。

我一直很奇怪，每每想起云南，所有的云南表征的东西都消退，脑海里只是一个画面——那就是云南大学的会泽院，头枕蛇山，俯瞰五百里滇池，左手擒住碧鸡，右手束缚金马。95级台阶，自带一份九五之尊雄视天下的

今朝风日好
——中国当代艺术个案鉴赏

《山水间》 油画 洪浩昌

气度，仰止的视野是环宇宏阔，令人心折。会泽院的背景是洪浩昌的画面，蓝天白云碧山清泉。会泽院的创办者是唐继尧。会泽，既有会泽天下英才之意，也是唐公故乡之地。会泽隶属昭通。而洪浩昌的油画，是云南风情的诗意表达。

洪浩昌，上溯起来，与历史上著名的太平天国的洪秀全还有渊源。洪浩昌与洪秀全同属于南宋名臣洪皓之后，皓公第九世贵生公任职福建晋江卫，告老还乡时逢宋末元初，没有回江南，直接到广东梅州丰顺布新落脚。其孙洪源远再迁梅州石坑，石坑开基祖洪源远亦称"九郎公"。洪秀全是九郎公16世、洪浩昌是九郎公20世，属于高祖辈！九郎公第四世洪端还是一个祖先，第五世是两兄弟，兄洪法球（洪秀全的祖先）、弟洪法璲（洪浩昌的祖先）。洪秀全的11世祖洪淞三和洪浩昌的11世祖洪永大一起离开梅州石坑迁到广州花县（花都区）福源水。洪浩昌的13世祖洪宣彩于1759年再次迁至云南昭通（1731年昭通改土归流结束），洪浩昌是宣彩公迁云南昭通的第八世。

虽然是客家迁入户，但经过八代的生息，洪浩昌的骨血已经融入了昭通的地域气质。一种源自内心的自信，使他不甘于亦步亦趋、人云亦云，而是坚持不断探索、不

今朝风日好
——中国当代艺术个案鉴赏

断寻觅、不断创造、不断超越,他说"在绘画里像帝王一样俯视",有登顶扬旗,为天下景仰之雄心,够气度也够襟怀。

在洪浩昌的创作,呈现出鲜明的地域性和极强的混生性。其充满云南风情的色彩和景物,吸引了大众的关注。而画面内涵的关于文化的思考与多元碰撞的混生性,让他的艺术具有历久弥新的生命力。

在洪浩昌的画笔下,笔触干净利落,油彩灵动飘逸,温情总在不经意间流露,以诗性爽朗的姿态,却不矫情。看他的作品,似乎置身云南的云山雾岚,听见缥缈的山歌在浮沉。昭通的一山一水、一花一木、一条小巷、一口老井、一支乡歌、一缕炊烟,都洋溢着别样的味道,是乡情调和了油彩,明亮亮地绽放。

叙事语言的本土化突出了云南的地域特性,生活理性的诗意表达体现了昭通文化的审美,而行脚的现实和历史的思索融入题材多维度的立体呈现。在某种程度上,洪浩昌的画作是行吟,如歌的行板,优美而富于质感的笔式,咏唱着大地的厚重情感。山水小景、人情风俗,很多时候,个人化的自然创作笔式,没有宏大的叙事,却有着灵魂的写真。以村庄、原野为描述对象,在平凡事中体现生活哲理，以清新至真的笔触叙写边陲独有的文化情怀。敏锐轻灵的笔法和范式颠覆了传统对边陲边地的苦难性书写。让观者体验身临其境的生活现场感的同时，潜在地表达着他强烈的后现代叙事方式。内心理智的哲性和多姿的情怀，感性而理性地控制在画面里，敛蕴出反差的美学。这与昭通的地域气质不谋而合。

作为艺术家的洪浩昌，内心敏感而丰沛，他爱读书善思考，注重内心体验和内心的书写，于是宏大思维支撑下的风景创作，在近年来，明显有了社会景观的调性。社会学、人类学、环境学等因素融入，让绘者的视角发生改变，而直观呈现在画面上的，就是不用地域不同时段的不同体验不同感悟不同反思。

他从昭通出走，一份文化的渴求，踏遍江浙的温润和京城的人文后，一份乡愁在晴明与暗夜里漂浮，历史在过去与未来间穿梭，故土在笔触油彩里呼唤。他再度返回云南，开始以文化学者的心态关注民族与区域的宗教、人文、乡土、文化，以及它们在社会转型期的变迁，以虔诚的姿态、悲悯的情怀、斑斓的色调，书写、书写……

一份地域气质，与该地的历史之长、文明之古、人文之盛分不开。边缘的地位和问鼎的自信，源自深厚的历史的文化土壤和人文土壤对艺术的涵育。考诸昭通文化历史，比较"北主南宰"的问鼎中心与"以土抗流"的拒绝边缘，都是地域气质在历史舞台上的一再排演。于此，作为"边民"的洪浩昌，踏上了"帝王"的路途。

　　思想走多远，艺术就走多远！

我就是我的态度
——方力钧vs艺术

艺术有阶级之分吗?

答案是:当然有。自古至今,无论国内国外。否则不会有方力钧一句"像野狗一样生存"的话,宛若一石入水激起千层浪。也因为这一句话,为他2013年受聘国家画院一事引起舆论哗然。

包括"当代艺术教父"的老栗也旗帜鲜明地在当年西安举办的批评家年会上发声以与其划清界限,大有割袍断义之势。无论是作为同根同水的乡谊,还是作为最早发现直至把方力钧推向当代艺术前沿的人,此番痛心疾首之心情可以理解,无论其身份抑或身处的位置都有不得不的意味在。

然而,作为当事人的方力钧至今对"收编"或"招安"之说未置一词。他默默地画着自己的画,默默地做着自己的文献展,从国内大学到国外大学。文献,大处说是一个时代或一段历史的缩影和记录,小处说是一个人的记

今朝风日好
——中国当代艺术个案鉴赏

录，一个人故事的日常化的有意义累加。或者我们可以说这是一个个案。个案或特例的说辞，在特定时代特定社会背景下特定人的特定艺术，具有典型的时代共性，又有鲜明独特的个性。于此，于当代艺术而言，方力钧是不可绕过的一个艺术人物。

一个个案的意义，在于其对时代表征的表现和特定时期艺术趋向性的引领。而一个风格或样式背后是有发展线

《系列二之二》 油画 方力钧

索的。1963年出生的方力钧,在他本应一片纯真的童年,却目睹并亲历了各种违和。现实夹缝里的生存境遇,对他的性格养成和作品气质有着潜在的影响。据说,方力钧在艺术圈是人缘最好,也很讲义气。他可以跟三教九流熟络没有隔膜,却文艺又始终游离在外,坚持着自己的表达,虽然短期之内也偶有交集。但是,他从来不属于任何山头或帮派,他一直在做自己。

一直以来对方力钧说话时的状态印象深刻,说一句笑一声,伴随着一声气息回吸。憨厚中透着一种处世的圆融。这种特质与他童年的经历有着千丝万缕的联系,也潜在地影响着他后期的圆圆光头和水性的画面气质。1990年初,方力钧放弃公职来到圆明园变成一个盲流艺术家,最初的最初,重要的不是为了艺术,而是为着那种自由的生活方式。年轻如他,所谓的对抗,于他是不甚清晰的,有点类似一个叛逆的孩子,在对抗传统经济结构体制中获得短暂的快感而已。现实生活的残酷,漂泊无定的生活,在集体性的波希米亚式生活方式的快感中,又不可避免地流露出茫然而又百无聊赖的情绪。这种无聊感,以一种貌似看破一切的嬉痞气来宣泄,并借此得以精神上的自我纾解。彼时,方力钧创作出一批光头作品。而这种艺术现象被老栗命名为"玩世现实主义"。

1993年,方力钧的光头作品登上纽约《时代》封面,被西方人误读为"东方醒狮的怒吼",而方力钧轻描淡写地说只不过是无聊时打的一个哈欠而已。好一招太极,四两拨千斤。不可否认的是,当时转型期的社会状态和时代情绪,与方力钧的作品气质契合。所以是历史选择了方力钧?还是方力钧引领了一个艺术时代?

随后,方力钧又参加了1993年威尼斯双年展,这是威尼斯双年展首度对中国当代艺术开放,方力钧从此走向世界。而他的光头形象也成为当代艺术的一柄标杆。光环笼罩下的方力钧,一直清醒如他锃亮的光头。他对自己艺术的走向、作品的市场都有着良好的把控。他开始了艺术的回归、内心自我的关照以及对人文情怀的流丽,这在他之后的版画作品里便看出端倪。

作为版画专业出身的方力钧,他的版画却迥异于传统版画精雕细刻的方式,他使用工业电锯,大刀阔斧的霸悍之外,锯齿边缘的参差粗糙,繁密密地在纹理间张扬出一种别样的味道,一如人生,顺遂之外总有毛扎扎的刺刺儿,不论是思绪的触角还是激情的留痕。方力钧的光头散发的光晕和版画里水波荡漾式的纹理,都是自我情绪的表达，不受任何外在左右。有意味的是，一个人的艺术人生贴上了撕不去的光头、玩世、泼皮的标签，他却甘之若素，并开始了记录与梳理的再现。回望自己回望历史，是反思也是新生。

我就是我自己，我就是我的态度！——这就是方力钧。

老岳：你的傻笑笑傻了多少人

曾经委婉建议一个想请我策展的艺术家教授："能否把作品再做深入一点，一两件作品看似没问题，但是如果整个展场都是这样子，只是构图变一变的话，给观众复制感会不会不太好？"没想到，对方对我大加攻讦，并"引经据典"，比如岳敏君的大笑人等，言之凿凿复制就是风格。理由不谓不充足，我无语狂汗，仰天感叹："老岳啊老岳！"

是啊，当代艺术二十年，岳敏君是绝对绕不过去的人物。但是不知为何，提起老岳，我却无论如何也笑不出来，甚至心里有丝没来由的悲悯。与老岳唯一的一次长谈是2011年初秋，他亲自开门接我，那个宋庄的大院子荒草遍地，貌似鲜有人打理，冷清清的。传说中非常讲究穿衣品位的老岳，身上的格子西装却皱皱巴巴，脚上的袜子也是彩条的。老岳本人，并不像他的作品那样笑，反而笑容很羞涩。他说："也许是画笑脸多了，反而不会笑了。"

第二章·指尖上的自然心

那时他正在创作《迷宫》系列，青花瓷般，却泛着油亮亮的贼光。我说，你这是反传统啊。他一怔："第一次听到这说法。"我追问这大笑人还会继续吗？他说会。但凡到了惶惑节点，总会从作品中无意间泄露，《迷宫》恰好是个明证，无论他承认与否。临了，我问了一句："有

《大耳朵》 油画 岳敏君

今朝风日好
——中国当代艺术个案鉴赏

没有想过,以后自己的作品会不如现在的行市?"老岳一震,继而是沉默,欲言又止,最后只是轻轻扯了扯嘴角,似笑非笑。今天,当我重新再写老岳时,又想起那次对话,想起他的表情。而艺术市场的发展一如我的预测。至于媒体上无论被怎样追问,老岳当然回答得很得体。但是心境如何,不去妄测。

只记得,临别看见他院子里的一池秋荷,开心地跑去拍照。他陪在边上,温和地应着我兴奋而没有边际的闲话。抬眼,夕阳下的老岳,剪影般,有点忧郁。心里闪过一丝疑惑,是不是他没有这样简单地快乐过。

之后几年,老岳几乎淡出京城,在大理放逐着自己的心灵。在那里他间或会在广场上嘶吼一夜歌声,而来来往往的游客并不知道他是世界著名的艺术家。而他的微信头像,一身灰色的民族服装,配上光头,倒有点出离红尘的气度,看来是放下了声名的负累。

于老岳,我远远关注,偶尔微信互动一下。只是,这个把闭眼傻笑变成一个符号标志的艺术家,至今如他所说一直在画着他的招牌笑容。只不过当年的笑与今天的笑,两种境况,意味迥异。

任何一个艺术家都剥离不开自身的生存语境和潜在的

影响。这个1962年出生在油田的艺术家,身上烙着太多的时代印记。油田林立的金属管道、烟筒、单色调的世界,转化为作品里那种漠然的重复和冷冰冰的金属质感。经历过动乱、八五思潮与之后的社会环境,人生状态与作品里的闭眼傻笑,空洞、迷茫,具有时代的典型性和代表性。于是老栗为之定位为"玩世现实主义",无外乎涉及"泼皮幽默"和"流氓文化"两种含义。于我理解,老岳的"笑"应分为两个时期。九十年代,老岳的"笑"是百无聊赖和顽皮捣蛋,与少儿叛逆并无二致,应属于艺术心理的少年叛逆期。

之于幽默,在新世纪的今天才真正显现殆尽。近年来老岳的笑,有种剧场性的角色设定,各种境遇下的自我演绎,宛若戏里百味人生,世态百相左不过一声笑来终场,最多成为茶余饭后的一点谈资而已。

一夜成名之后的老岳,作品集中体现了当代艺术的几大特征:作品大、数量多、整齐划一等。于是,这种特征范本般被二十年来的当代艺术一再复制翻炒,影响了不知多少艺术家,并以此作为"风格"的定义而深以为然。中国,这个几千年自给自足的农业大国,太多国人骨子里的小农意识是除不掉的。跟风走,一如农民种棉花种大蒜,哪个挣钱种哪个,却永远也成不了气候。所以,现在重新审视老岳的"傻笑",俯瞰着中国二十年当代艺术,笑里充满伤痛。而那些仍然热衷跟风批量生产者,有几个能参透?

老岳的作品成为电影《爱出色》的道具,恰恰挑明了当代艺术在社会史中的道具身份,平添一种滋味在人心头。

如此一想,老岳的笑,醍醐灌顶,汗毛陡竖!

山水的人文精神
——张东升与他的山水表达

张东升的山水，重建的是远逝的人文精神。

中国山水画是一种追求精神性的艺术。然而，在传统山水语境不再的今天，中国山水画苛于技法和程式，而疏离了"象外之象"的精神境界。南朝宗炳论画："圣人含道暎物，贤者澄怀味像。"鲜明地道出作为生命价值和意义载体的绘画，其精神性和人文性的指向。张东升的山水，恰恰明智地丢弃了笔墨路数，而审视作品之外的体悟与敬畏，自然其创作也就呈现出不一样的面貌。

张东升山水的人文精神具体表现在：首先，他极善于把自己的情怀融化到自然山水与田园生活中去，或直抒胸臆，或含蓄寄意。其次，他不仅向往山水，而且还不断追踪和寻访传统山水的文化意义。第三，探寻自我理想的存在方式。在自然山水与田园生活的语境里，画者达观了人生，找到了自我。第四，对艺术背后的生命意识的觉醒，成为他生命意识的一种延伸。

花如解语应多事，石不能言最可人。读张东升的画，无论在章法、笔墨或意境上都有自己的追求，既是他的审美理想，也是他追求的山水精神。笔墨与自然、笔墨与颖悟的互文，在勾、勒、点、擦、皴、染之中起承转合。而一份内心对山水的执着，凝成一滴飘香的墨，在点线面间辗转流淌，或浓或淡，或朴或雅，或雄浑或秀丽，都呼吸着一分情怀一分人文。

天工与清新，都是张东升画作的隽永之貌。富有层次的笔墨，重神似而弱形似，每一笔都有寄托，每一点都有情含。构图清新，层峦叠秀。树干苍劲，穿插得势。山石灵动有致而石纹繁复，山间云岚缠绕，极得计白当黑之妙。笔墨疏简而笔意清逸，轻笔勾勒，浓墨渲染，点积润姿，用墨浓淡相宜，清隽洒脱。画面简练清雅，意境高古，神韵盎然间山水宛然有了无限的生命力。

值得一提的是，张东升的用笔很率性，无论点线，笔笔有出处，用笔沉稳，结构严谨，笔画中有重笔亦有轻灵之笔，转折处又有铁画银钩之感，笔力峭拔，极尽蕴藉之致。而画者弃工正而彰写意，笔触文而不弱，放而不野，沉着而清润，颇耐人寻味。细读张东升的山水，你会被他的笔线引领到他设定的情境里。以一管之笔，拟太虚之

第二章·指尖上的自然心

《山水图》 水墨 张东升

体；以判躯之状，画寸眸之明。形神兼备之内涵，张东升是颇有心得和建树的。

"春水六七里，夕阳三四家。儿童牧鹅鸭，妇女治桑麻。老夫维小舟，半醉摘藤花。"一片陶然的诗句，陶醉的不仅仅是文字，更是一种自然生命意识的觉醒，这就是在领略了自然生生不息的生命律动和了悟了返璞归真的人生妙旨之后,通过对自然生命的深情描绘,呈现出的对自然最朴素的情感和情怀。云山苍苍、烟水茫茫、炊烟袅袅、暮鼓晨钟……朴素、简单而温暖,这是张东升通过笔墨传达给观者的感受,但是这样简素的生活却可望而不可即。

山水重建,重建的是什么?

张东升用笔下的山水,叩问自己,也叩问大众。是我们已经远逝的农耕文明,是我们渐行渐远的精神家园。张东升,以对山水自然的虔敬和敬畏,重返山水之中,体察山水之灵韵,感知山水之奥秘,将身心沉沦在山水里,山水成为他的生活不可或缺的部分,灵魂与山水朝夕相伴。山水的哲性智慧和画者的文人心境,就在行行停停中升华,就在这一笔一墨一点一划里融汇,蕴生着一份东方的韵感,一种水墨的高古,迷离而苍茫。这种富于诗意的滋润和韵感,凝聚成其自身笔墨的人文精神特质。

在山水田园牧歌吟咏渐行渐远的时代,在旧时人文情怀土壤缺失的当下,传统山水的构成要素被一再解构。而重建山水人文不是单纯的复归,而是审美的哲理性和人文性的表达,这种表达带着一份追忆、敬畏、渴盼和情怀。

所以，张东升的山水表达，是非日常性的背景，是内心向往并一再勾勒描摹的山水家园和人文世界，因此，他的山水作品是他的桃花源记。精神的超越、理性的感悟与艺术的创造，就是人生的超越，就是艺术的超越。

"江山处处佳，风月日日新。"可以做张东升山水的注脚。

直心是道
——惟航与书法的互文

书者，法象也。

书法，一笔下去，写的不是字，而是一个人的修养气质和文化底蕴。读惟航的书法，往往不见其字形，唯见其神采，宛若与其人直面相对，不禁会心莞尔。

惟航其人，面冷心热，刚正不阿，仗义执言，世间少见的率真和坦诚，无论红尘还是方外。常常一席话下来，令人捧腹喝彩之余又心有警醒。他的智慧在不经意间点化、度化有缘之人。他是一座自在佛，看似率性的外在特性，其实内心对自己有着极高的素养诉求，这在他的书法里体现得淋漓尽致。而他坦诚的相处方式是读人、度人、化解离苦的方式。他的书法与其说是他自身修为的表征，不如说是他的法相。他笔下点划勾勒的是书法，更是血液里的佛性的流溢。而习练书法，修习的是信仰和天道的敬畏。因此他的书法其实是对佛法的一种弘扬和传道。

惟航的书法作品，内蕴一股山林气缥缈其中，外有一

第二章·指尖上的自然心

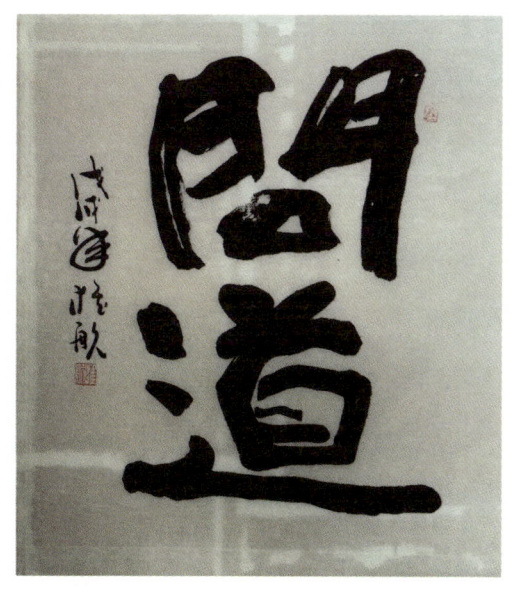

《问道》 书法 惟航

股罡气环绕于外,既有篆隶的素朴、魏碑的厚重、又有行书的潇洒、楷书的清雅。骨子里的文人气质,在墨色飞扬里贯通而下,而一派天真,在点线笔墨里顾盼生姿。一如惟航其人,性格端严中不乏率真,睿智中不乏慈悲,而佛门净地的深研浸润,自有一番睥睨魑魅的罡气与超然物外的隐逸气象。

观惟航的书法,第一眼,布局疏朗,承合有致,敛放有度。第二眼,通篇笔势纵横,墨气淋漓,飞白与墨色流动出一种韵味。第三眼,轻重徐疾,疏密呼应,字体圭角别出心裁,厚笔顿挫,渴笔洒脱,笔笔锋芒似露似藏,清隽大方。第四眼,行墨走笔,起落之间干净利落绝不犹豫,而气势绵绵意犹未尽。第五眼,得书如其人之况味,不浮不躁,端严中和如在眼前。

张怀瓘曾在《六体书论》云:"心不能妙探于物,墨不能曲尽于心,虑以图之,势以生之,气以和之,神以肃之。"作为僧者的惟航,有其悟道自然超然的心境;作为书家的惟航,遍研书体后的胸中丘壑融为笔墨的意趣;作为文人的惟航,有着阅尽沧桑后的简远萧散。而自身的罡正之气,是对时下浮丽轻滑自然而然的应对。

"退笔成山未足珍,读书万卷始通神。"宋人苏轼一语道破天机。书法之境,在于书家的情趣;书法之品,在于书家的修养;书法的气质,在于书家的天性。书者,往往容易有气、骨而无风姿,或者饶有风姿而乏气、骨。风骨兼有者,得书法之堂奥。惟航的书法,妙在用笔之遒劲,用墨之浓淡,得化工之巧,具生意之全,不计纤拙形似。素朴苍拙中而不失清润,字体间有山光云影,笔线里有山溪竹林,墨色湿渴里见云气缭绕,而通篇以疏朗简阔一气贯之。好的书法,苍然之质,翩然之容,褚墨之间,

第二章·指尖上的自然心

郁郁生色,非笔端具有造化者不可为之。因此,书法的意味,很大程度上,是自身修为在笔墨情趣上的折射。

一管竹、一毫墨、一尺素,见山见水也见人。熟读经史的涵养,彰显文字之外的意蕴。一笔一字地体认与吸纳之后的融会贯通,辅以禅心佛学的引领。气韵、笔力、布局,开合自然、张力着书者的人格和书品。佛家的慈悲与证得,淘洗着笔墨,数十载如一日。书法的真意足可洗练人生,而人生行悟又指引着书法的进境。在书法媚俗浮躁饱受诟病的今天,惟航书法的端严静慧直指人心。质的分野,一眼分明。

面海背山的名刹梵唱,晨钟暮鼓消弭着涛声潮音,低

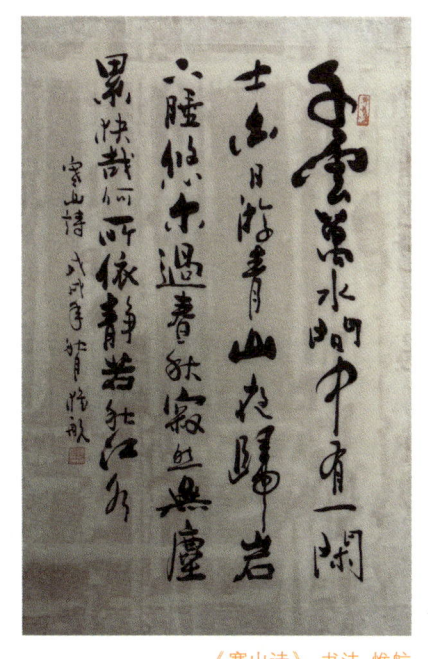

《寒山诗》 书法 惟航

123

今朝风日好
——中国当代艺术个案鉴赏

眉垂睑迭迦①中的山水清流,都在一笔墨线起落动静间照见。人生的激浊扬清,一念起一念落,处处禅机。而书艺之清凉界,散逸于青山绿水四时轮回里。反观,一墨行走尺素,抑扬顿挫起承转合,宛若书写自己的佛途法相。

  书耶?法耶?

  直心是道,不虚妄。

  艺乎?人乎?

  素墨氤氲,惜乎矣。

---

  ① 迭迦:佛教用语,盘坐。

归去赋闲情
——王鹤的水墨气质

"归去来兮！田园将芜，胡不归？"近读陶渊明的《归去来兮辞》，刹那时光倒流，故园的青瓦红墙、梧桐细雨、青葱的菜畦，都浮现在眼前。曾经一盏茶、一阕词、一支曲，从晨曦薄明到日光西斜的日子，就这样永远定格在记忆中。无法归去，故园已模糊，乡愁总在梦里浮沉，惆怅总会在某个节点奔涌而出。所谓文人常人盖莫如斯。

王鹤，清瘦，文弱，一身书卷气，看到他就似乎找到了文人书生的注解，而他本人的水墨作品也流露出文人气质。早年王鹤创办并主编《星·艺术》杂志，曾经书生意气，功利时代，倒颇有匹夫之勇的担当。之后他潜心水墨，作品水汽氤氲，风动涟漪枝影扶疏，清雅中笼罩一抹淡淡的清愁。文人意趣与画如其人在王鹤和他的画作面前是一致的。

王鹤的水墨，构图新颖大方，笔墨流畅舒展，洋溢着

今朝风日好
——中国当代艺术个案鉴赏

浓郁的生活气息和高远旨趣。枝荷摇曳、寒鸦清溪、远山苍茫、高士游目、劲松澄怀，画面无一例外有种淡淡的古意，清新中渗透着秀润，秀润里凝固着苍凉，苍凉中蕴含着古拙，古拙里弥漫着清愁。

王鹤的作品又不同于一般文人画的情境，它融汇文野，崇尚刚健，笔势洒脱，墨趣盎然，以一种简远的方式承载一种淡泊中的真谛，映射出他的个性和才智。他的水墨强调直觉与灵性，文人的高洁心境和诗意的情怀，笔墨淋漓酣畅，抒写自由随意，率性而清灵，旷达而有节制，浪漫而有风骨，典型的文人意趣和情调。他以内心的清冽和对精神家园的驻守，在这观念泛滥时代游走着自己的笔墨品质。

透过他笔下那冷逸高雅的世界，我们回归到渐次消失的田园生活和宁静祥和的心灵净土。弥漫在作品里的浅淡的乡愁，在逍遥的寄情中求得一种失落的心理平衡；在水墨氤氲开的色调中，呼唤灵魂深处的那种悠远和苍凉。那是一种绵长的人文历史和坚毅的人格精神。

在笔墨传统层层消解的当今，王鹤以自己的坚持驻守着传统的人文情怀。那些自然意趣的朴质在渐次消失殆尽，那些困在钢筋水泥中的人们，空洞的眼睛凝望着那

第二章·指尖上的自然心

《清韵》 水墨 王鹤

曾萦绕在身边的静谧。而我们,却总有失去故园的痛感和忧伤。

他的《坐看云起》,苍松老人,笔线简括,苍劲古朴,极目远眺中,无山而有山,无风而风吟,似有万千世相皆为红尘,云卷云舒我自释然一笑的禅意。他作《荷香图》,一支红荷,一只鸬鹚,一块石头,芦苇三两茎,无水,无风,却能从莲荷淡淡出水之清丽和鸬鹚驻足的悠闲中闻到悠悠的荷香。他的《芭蕉山鸡听雨图》,沐雨微垂的芭蕉叶水珠欲滴,芭蕉树下的山鸡几欲忘记抖落翅膀上的水滴。雨打芭蕉,点点滴滴的韵律就在这无声的画面中幽幽弹奏。一幅《芙蓉出水》,芰荷扶风,山鸡凝注,菡萏出水,芙蕖含苞,似临花照水的女子,楚楚羞怯。颇有人间花影,衣渡荷香,"知在谁傍,一笑盈盈百种芳"的风雅。

他的作品里有着一种幽居的心境,一种远离尘世久违家园的气息。站在他的作品面前,仿佛能听到水声潺潺,蛙声与野鸭唱和,你能听到松涛阵阵和永昼敲棋的声音,能闻到清幽的荷香和芭蕉的味道。

古来写意花鸟,意在花鸟外。而这一"写"字却往往使很多人难得其深意。写不是单纯的讲究笔线,而是艺术家本人的情趣流露,是心有所悟的自然漫延。花鸟从来都是艺术家言志之载体,花鸟能出意境,在于艺术家内心的静慧自在。

王鹤的水墨,简约清淡而韵雅,古意潇洒而禅机在意外。这与王鹤本人的性情颇有相似之处。他出身山区，童年的记忆刻骨铭心，在都市的浮躁里，经年固守心底的一份悠远淡泊，对人对事有自己清晰的底线和分寸。闲来寄情山水，寻一份宁静，骋一怀豪气。妙思起处，几笔写意，简疏有致，浓淡深浅皆是隐隐灵韵飞动，虚实结合，计白当黑，运笔缓急轻重晕染得法。常常闲闲一笔，却似神助。画面氛围高古达观，心驱画笔，情注墨痕，一纸写意，水墨清淡，却沧桑禅意，味象万千。

闲来翻看王鹤的淡水墨，总能勾起我心底淡淡的乡愁。也许王鹤的淡水墨，本身就代表着一代文人，内心对田园自然的呼唤，对心灵操守的体验。天然的原乡已无法归去，心灵的家园当宁静恬适。而王鹤的心意就在这简笔寥寥通透自然中，真挚而畅达地流淌出来。看似闲情逸致，实则是对远去的文旨的呼唤。

这让我想起，陶渊明的那首《闲情赋》，此赋是其除闻名世间的《桃花源记》和《归去来兮辞》之外的一首赋体力作。"闲情"，并非闲情逸致，而是对情感泛滥的防微杜渐，对信马由缰的冷静克制。此赋作之好，在于不端架子，内心安宁自在，语句清丽自然，姿态闲适得很。可谓荡尽汉赋着意铺排、堆砌辞藻之积习，表现出极大的创造性。"佩鸣玉以比洁,齐幽兰以争芬。淡柔情于俗内,负雅志于高云。"既有冰清玉洁的气质,又有深谷兰花的芬芳,情怀超世出俗,志趣高尚入云。这与其说是写美人,不如说是在自我表白。《闲情赋》末尾云:"尤《蔓草》之为会,诵《郡南》之馀歌。"但在《召南》的《草虫》篇末:"陟彼南山,言采其薇;未见君子,我心伤悲。亦既见止,亦既觏止,我心则夷。"原来,生命的安宁,在于灵魂找到寄寓之后的安宁,是金粉沙埋后的平静。如此一想,杂念尽去,忧患尽付清风流水,惟余一片纯心。

此刻,风穿窗,翻动眼前的《归去来兮辞》,犹记得宋代文学家欧阳修说:"两晋无文章,惟《归去来兮》而已。" 清朝赋家陈沆说:"晋无文,惟渊明《闲情》一赋而已。"也记得鲁迅先生评论:"陶潜并非浑身静穆,所以伟大。"

规矩、方圆与人文的距离
——郝利峰的东阿人文写生的旨归

一个圆规，一把尺子，一支签字笔，一册速写本，这就是郝利峰写生作品的媒介。

圆形的构图，横或竖的直线的间架；间或方形的布局，曲线为辅，是否也是"不以规矩，就不成方圆"的另一种解读？

小幅的写生作品，朴素却味道很足。氛围的渲染、笔触的交接、色彩的关系，都在郝利峰精准而端凝的笔下自由经营，丝毫不见紧张滞涩，而是令人觉得节奏很松弛很舒服。圆形构图的局限性和营造出的聚焦般的紧张感，却让镜头般画面里的直线架构，又破又立地令画面舒缓起来，反比地把直线的硬朗与圆弧的圆润融进创作中。令人拍案叫绝。

郝利峰的功力很扎实，笔线很讲究。画面上每一根线条都耐琢磨，都很精到。没有废笔，增一笔则多，减一笔则少。线条与线条之间的关系很讲究阴阳关系，张弛有度。这些笔线组合起来,塑造出的形象很饱满很立体很丰富很精彩,这样的造型功力和笔下功夫,非有一番静气和智慧是驾驭不了的。这样的构图、这样的笔线、这样的气息,既透露着艺术家的传统笔墨素养,又具有浓郁的现代思维,而一个人艺术风格的形成,一定与他自身修为和文化积淀有关。

郝利峰的写生作品,营造了一个场,代入感极强,很轻易就把你代入一个真实而虚拟的空间,恍若穿越到某个特定历史阶段,眼前有硝烟,耳边有铮鸣,隐隐约约的气息在画面生动地流动。简洁的空间因素,浓缩却放大的时间因素,就这样架构一个个时空与故事,串联起东阿的文明遗珠。这样的场域,足以令每一观者的想象无

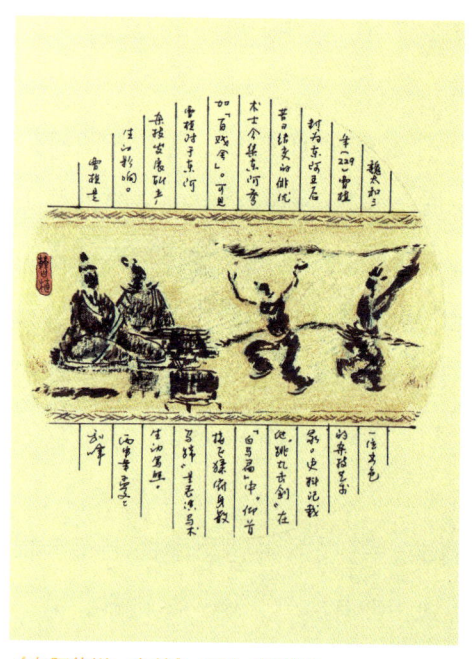

《东阿传说·杂技》 写生 郝利峰

限延展。这样的作品,已经远远穿越了常规意义上的写生的二维平面,而是营造出三维空间感的艺术创作,堪称写生佳构。一沓厚厚的速写本,一页页铺展开去,是时间的定格,是历史的存照,是文化的留影,也是文明进程的记录,更是郝利峰个人内心气场的外化与艺术风貌的呈现。

写生,其实是对自然图式的解构与自我图式的重构,眼中所见真实与心中所思的虚拟,再经过自身历史文化修为的提炼,把自然对象转换成心中意象,经营布局,笔笔生发。看着桌案上厚厚一沓速写本,我们可以想见,郝利峰每走到一个残破不堪的历史节点,每看到一个历经时间洗礼的老物件,那时的他是怎样的一种状态和心境,他一定陶醉在与历史对话、与文明对话的那个过程中,他一定很享受又很痛苦,痛惜那满目疮痍的历史遗迹和日渐衰微的远古文明。或许正是这种担当感和使命感以及时间的紧迫感,让他这几年的写生专注起来,系列起来,而他也更勤奋起来。

郝利峰的东阿写生系列,细究起来,始于20世纪90年代初。凭借一个艺术家的敏锐,郝利峰用现场写生的方式,记录了自改革开放以来东阿的变迁,是为了逝去不再的记录,是对文明流散的追缅,也是对当下浮躁的反思。

在文化与历史层面与意义上,郝利峰这批写生作品对东阿当地具有了一定的图志文献的参考和史料价值。

而于郝利峰而言,近年来的写生开始专注于文化与历史,是经过了由最初的自发到后来的自觉的过程,在自然、人文中的写生,让写生在回归到真实与自由的同时,最大化地呈现其历史性、文化性与人文性,是郝利峰写生系列做出的贡献。而他本人,也在寻找文明基点的经意不经意间找到了自己的情感归宿和理想依托。

一个圆规,一把尺子,一支签字笔,一册速写本,是郝利峰的全部艺术身家。然而触手却沉甸甸,那是东阿灿烂辉煌的地域文明与人文历史。面对这样的作品,面对这样的文明,除了感动和敬畏,还有反思再反思。

"不以规矩,不成方圆。"是孟子说的话,千百年来,成为人们日常生活的圭臬。而具体到郝利峰的艺术创作,规矩、方圆与人文的距离,是堪堪没有错过。

道朴素,莫能与之争美。

指尖上的自然心

儿时,看母亲拿起剪刀就剜出各种各样的花鸟虫鱼,我就很好奇,母亲说:"都是心里出的。"

近年邂逅剪纸,最耳熟能详的一句话就是乔晓光老师说的:"心灵手巧,手越巧,心越聪。"

越靠近内心,越贴近自然。而剪纸呈现的就是在全神贯注的安静里内心深处的真正的诉求,那是指尖上舞动的自然心。

剪纸,以乐观入世的精神气质,成为千百年来劳动人民表达内心情感的文化符码,以一种隐性的含蓄意蕴和显性的夸张的艺术语言,表现出一种朴素、理想和浪漫的审美风格和审美情趣。"乐意相关禽对语,生香不断树交花"和"野色更无山隔断,天光常与水相连",这是自然天机与自然意趣和人类的眼睛心灵与自然互相关照的结果。民间剪纸源于生活,是中国本源哲学的生活化表现方式,蕴含着劳动人民对自然、宇宙、天道、人文的解读和

今朝风日好
——中国当代艺术个案鉴赏

学生剪纸作品

阐释，夸张和变形的抽象语言，超现实地再现出物象的特质。作为原初艺术载体的剪纸，承载的不仅仅是民俗、信仰、哲学，更是中华民族几千年的文化。

一剪下去，再无修改的艺术方式，有趣而又具有一种不可知的可能性，这也是剪纸的魅力。剪纸的艺术创作，很多时候，是心随着剪刀走，剪刀跟着感觉走。一张纸，一把剪刀，呈现的完全是内心的一种感受。心灵的感觉，诱发了创作的冲动，而创作，开启了心智，是谓心手开悟。在剪纸的世界里，回归到心灵的原乡，找到生命本初的朴质和感动。

从指尖到心灵，这是中央美术学院人文学院民间美术教程最具特色的源发点。在充满奇思妙想的抽象趣味里展开手与纸的对话，潜移默化地渗透着人文情感、视觉美感和生活情趣，启迪着心灵与自然的回归。学子们的剪纸创作，也在寻求内心与作品的契合，抒发自己的情感。他们不是单纯的临摹或再现，而是以当下的视角，结合自己的生活状态和对自然、生活的感悟理解，从具象中抽象出自己的元素，融入现代的造型方法，突破了传统剪纸的园囿，更具有新时代学子们的精神风貌，有较强的视觉冲击力和现场感。他们的剪纸作品，注入了自己的情感，具有了一定的生命质感和内涵，也无一例外地流露出创作者自己的味道、气质、感悟和个性特征，也富于学子骨子里特定的民族心理和地域性格。

从一张平面的纸，到一件立体的剪纸作品，不仅仅是一件展现给观者的作品，更多带给创作者的不仅仅是思维和空间的转换，更是他的一个自我蜕变的过程。剪纸的过程是内心从单一到繁复再到单一，从单调到圆满的体验历程。过程的感受，在高潮与低回、紧张与松弛、轻盈与厚重中叠加、积累、升华。而作品反映着他们对当下人文现状、生活常态、生命感悟、人生哲理等的思考，有机地把日常的物质生活和精神状态融汇在一起，紧扣现实，又反映个体情感,审美主体和客体无论是青涩稚嫩或大气厚重,还是宏观叙事抑或自我认知,都令人感动。更重要的是,在创作思考中发现自己内心的真正需求,在剪纸里找到自己,这是剪纸最大的贡献,无关现实和荣誉。

我们生活在自然中,生于斯,归于斯。道法自然,是以顺应自然规律为法则。我们内心或喜或忧的细微变化,皆属自然的一种心理现象。注目自然,心朗气宽。而吐故纳新,是身心的一次彻底洗涤。手与纸、剪刀与心灵的对话,在宁静中看到现代文明的最后一个村庄,也看到确实的现代文明的走向。

现实都市的生活,忙碌而拥挤。时光,从记忆的始端穿梭到现在,曾经想伸手抓住的,留在指尖的总是空空。对自然的回归,是回到个体对自然的书写,走向一种生命品性的塑造,进入一种独特的视觉记忆与审美经验,源于生命本初的自然心,唤醒我们生命中沉睡的自然性。在剪纸里,心与自然相遇,怀一份敬畏触摸自然,把心妥帖地安放。风花雪月是大自然的心跳,而倾听四季,感受自然生命的嬗变,让心灵的原色在自然中诗意地栖居。自然心洗去仆仆风尘,回家的路短了,脚步轻了。

人生云水过,平常自然心。

第三章

大地的诗经

蘋霎儿

散不尽眉弯,过燕山,回首乡关归路难。
朝云横渡,恰乌篷小小,载秋色一肩。
飞鸿过黄沙,夕照孤村烟两三。
得此须臾我,独坐花间向晚。
一般芳草,只有旧时谙。

——贺疆

大地的诗经
——姚卫国农耕文本的水墨书写

姚卫国的农耕文本创作,是一部水墨《诗经》。

《诗经》,开中国古代诗歌先河,折射着当时的社会生活,它是一部人生百科全书,又是一部恢宏的中国农耕文明的画卷。不同的是它以文字给人以想象空间,开启了华夏农耕文明的诗性时代。而姚卫国以笔墨图式予以呈现,具有大文本叙事性,对远逝的农耕文明给予史诗性的纪录、缅怀和审视,宏阔的历史画卷般勾起我们茫茫的乡愁。

两部"诗经",一个开始一个结束,中间隔着浩浩渺渺的历史、时间,令人肃然。孔子说:"诗三百,一言以蔽之,思无邪。"作为立言、立行标准的《诗经》,两千多年来已成为一种文化基因,融入华夏文明的血液。作为致敬和缅怀的姚卫国的《谷风》水墨,书写的是农耕文明留存的记忆和骨血里的文化基因的重建。

农业的发展曾经促进了社会的进步,社会文明的发展

今朝风日好
——中国当代艺术个案鉴赏

《河滩凉布》 水墨 姚卫国

而今远远抛弃了农耕。科技飞速发展的今天，农耕最后的辉煌已是西山日暮背影黯淡，青山绿水阡陌纵横，日出而作日落而息的光阴渐渐模糊。文明的进程伴随着文化的破碎，一如当下的水墨语境和生态。有文化担当和文化使命感的人会自觉拿起笔,纪录与追问、反思与求索。

姚卫国于水墨有着天生的敏感,水墨在他的驾驭下,纵横捭阖又秩序井然。空灵抽象的情境传递出闳意情怀,蕴含着绵绵的故园之思,流转着欸乃无已之情。脱胎于传统笔墨技法的没骨法,无骨流溢的墨积出墨的骨,肌理细密骨质坚硬,外松内紧,宛若太极宗师的静里乾坤。传统水墨的计黑当白运用得出神入化,计黑当白时也计白当黑,计白当黑时又黑白叠加,而水墨的光的明灭在画面里呈现出一种神性的光晕。

五色的墨层层晕染,错落铺排、叠压、递进,墨色与留白之间的结构,墨与墨积出的墨线,平仄韵辙如同五线谱,谱出一曲宏大的交响乐。而构图的不走寻常路,看似无法实则有法,貌似无途却又柳暗花明的手法,解构的同时再重构、再构时又重建,拆解与构建穿插,总在走投无路时峰回路转的惊喜,令你升起不断探究的心。而一路读下去,韵致婉转深幽绵长中高潮迭起,意外之喜总是忽松忽紧忽灭忽明。

于此,姚卫国是深得《诗经》"四始六义"三昧的,一层层一叠叠、一幕幕一重重,赋比兴手法一唱三叹,双声叠韵重言复章吟哦不已,层次递进地烘托着四时与农间的阴阳变化,而对应农时的农事、风俗,虚拟而真实地再现,一卷卷铺展开去的大文本,无可争辩的春秋笔墨,写就农耕文明一路走来的风雅颂,从而令其作品具有农耕文明艺术版本的文献性史料性价值。绘事后素的严谨态度和写实的敬畏,而文人心的浪漫与诗性,笔下演绎的农耕文明迷离奇幻又朴素平实,这种自由挥洒的自如与张弛有度是令人叹服的,又使其文本绘事具有了艺术史诗性。

姚卫国的笔墨语言架构很有诗性、文化性和史学性,笔墨只是他情感与理性的外化,图式只是他的心性寄托。骨子里对传统文化的坚守与对时代的哲性思考超越了画面本身。在很多人对农耕远逝寄予无尽缅怀感伤之时,他早已开始冷静思考如何让笔墨语言以文化基因的方式进入文化母体,溯回到文化本源。因此,他作品的宁静祥和的言外之意,才有着无穷无尽的韵味耐人琢磨。一如他的人,外形清瘦而内蕴清秀,也就造就了其艺术的骨骼清奇。有些艺术注定要被时代选择,有的人注定要被历史记住。

姚卫国的水墨作品《谷风》家国情怀,内蕴恢宏沉郁,而语言特质却素朴而畅达,色彩松弛而绵密。传统的笔墨与前瞻的意识、墨色的抒怀与画面的寓意、天道人伦与人文家园等,有机地将历史、现在、未来串联起来,线性的时间、平铺的农田、日升日落轮转的是春生夏长秋收冬藏的天命哲学观，岁时的天道、自然、人伦与尊严，就这样生出沧海桑田巫山云阙的长太息。天地老了，诗经不老。站在姚卫国的水墨面前，似有大地的风从茫茫远古吹来——

"式微，式微，胡不归？"

黄土地的朴素之道
——兼论杨素群的水墨性

"朴素,而天下莫能与之争美。"《庄子·天道》的话,恰可注脚杨素群的黄土地系列水墨,抑或说形容杨素群本人是太过贴切的。

杨素群的黄土地,以天性具有的朴素,一出手就呈现了土地的本质和民族的土性。有着松弛自然而内蕴厚积的力量,语言质朴而不事雕琢,如同白话却带着撼人的魅力。一份流转画面内外的情感,来自土地,扎根于土地,真挚朴实,蕴含着不可追的亘古情怀。杨素群如同那耕作在黄土地上的种地人,不会咬文嚼字,却从绵长深沉的土地生发出了恒久动人的艺术。

那些或浓或淡的墨与色,象征意味极强地营造出一个意向图式,改变了笔墨的惯性和思维的理性,多维的笔触错综出水墨的意境和笔墨语言。亦逸亦拙或亦近亦远或亦幻亦真的画面形态,演绎着他的朴素的人文观和天命观。他对土地的无限贴近,是他无意识的持介方式,笔墨的灵动和思想的变奏，剥离了具象与抽象，超越了笔墨的归属性和言说性。从而无形中让作品的品位推升到一个高度，恍若信天游在塬上的自由行走。

黄土地，其实很难画。难在难以准确地表达出黄土地的气质，也就是黄土地的土性。那种土性，有坚、暄、润、透四种特征。具体讲，一是坚实性，也就是直立性。一孔窑洞可以长年居住而直立不塌。二是暄性，黄土地的土蓬松松软，一脚踏上去暄腾腾的感觉，让你的身心迅速放松下来。看着黄土地爆了一身土，但是一弹就落，一点儿都不脏。三是润性。有雨时，黄土地的空气是润润的潮潮的，但渗水性很强，泥土不粘脚。四是透气性，冬暖夏凉的窑洞，天然的恒温库。

因此，很多人到了黄土高原会失语，面对一望无际起伏奔涌的沟沟峁峁，往往无从下笔，那种雄浑和莽苍是难以驾驭的，在笔墨语言上大多抓不住那种赤裸裸直陈和朴素。自黄土地入画以来，画出黄土魂的近代黄胄算一个。他在技法上找到了表现方法，借鉴传统技法的披麻皴，但有自己的创新和改进，朱砂赭石勾勒，然后用泼墨一点点破，把黄土地的肌理淋漓再现。

所以，一眼邂逅杨素群的《黄土地》作品，是惊喜

今朝风日好
——中国当代艺术个案鉴赏

《黄土地》 水墨 杨素群

的，黄土地的土性在这批作品里形神兼备。自然而放松的笔墨性，润泽而力量的精神性，传统的元素与现代的意识，使其画面语言自身的魅力，内敛沉稳而又张力十足。而杨素群本人天性里具有的朴素与执着，恰恰与黄土地的气质互文互证。他画的与其说是黄土地，不如说是内心对生命空间的一种观照。于此意义上，杨素群笔下的黄土地，是他的内心世界，是现实视域与心灵空间重合时，那种源自生命之本的温暖与感动，自然而然地倾诉在笔端，这就是杨素群的水墨独到之处。

在水墨被消解被解构的当下语境中，水墨需要找到本土的文化支点，而孕育华夏文明的黄土地，无疑成为迷途奔突的水墨的落脚点和出发点。黄土地的哲学如是观，是华夏文化的核心和内涵，而作为文化生态映像之一的水墨，从来不是可消费的资源或可利用的符号，回到黄土地，就寻到了重新生发的源头、哲性的本体，以及社会生活发展的逻辑、哲学意味和美学取向。明白了黄土地，就明白了水墨的底蕴和力量；抓住了民族的土性，也就有了根植本土的方向。

读画如读人，笔墨的性情昭示着画者的气质、信念和胸襟。杨素群性格里的一份真朴，璞玉一般，虽历经岁月而依然故我。这种真朴，使得艺术具有了不同寻常的视角。表现在笔墨语言上，是苍山静默云烟弥漫，墨色淋漓处酣畅快意，枯笔瘦硬时粗粝沧桑，而一份童真朴拙化掉了岁月的苍劲和老辣，看似不讲究的章法，随性的布局，却窥得深邃的冲淡、平静的力量。苏轼说"天真烂漫是吾师"，此言不虚。

天性里的，终究是后天学不来的。道不远人，与其苦苦寻觅，不如守住内心的安宁，这就是杨素群的朴素之道。每每看杨素群的《黄土地》，总是想起那首禅诗——

>终日寻春不见春，
>芒鞋踏遍岭头云。
>归来偶把梅花嗅，
>春在枝头已十分。

活态道德经
——刍议石军良的民间信仰景观

信仰能使人身心安住。人是精神的动物，没有信仰的人生是绝望的。

石军良是一个学者型艺术家。他的《有求必应》系列水墨，应该说是他这些年田野考察、史料考证与其学术思考和理论架构的厚积薄发之作。笔下构建的是一个宏阔的精神的寓所，呈现的是一种根植于民间沃土的信仰。他以民间粉本形式景观化再现这种民间信仰和信仰空间，宛若一部《道德经》的民间活态版本在面前一页页翻开。作为一个有责任感和使命感的艺术家，基于长期以来对民间文化的关注，他试图以艺术的方式呈现一种社会现象，并探讨其时空流变的函数关系和现象背后的文化结构。

入世的《道德经》，作为东方哲学的鼻祖，前述道后言德，道为体，德是用。综罗百代，广博精微。鲁迅说："不读《道德经》一书，不知中国文化，不知人生真谛。"洋洋五千言的《道德经》是老子思想的精华，是华

今朝风日好
——中国当代艺术个案鉴赏

夏文化源流之一。华夏传统文化是一条流动的河，在有文字出现以前，文化是以口传身授的形态流传。有文字记载之后，民间文化承继着这种活态的传统，因时因地因族类不同而入乡随俗地演变，构成鲜活的民间文化空间，多民族多地域的民间文化形态，百花般盛放在大地各个角落。

而研究民间文化，信仰就是其典型的文化符号，每一个民族的信仰就是本民族的文化表征。而作为民俗信仰，随处可见的小庙与各路神神，散落在乡间大地上随处可见，也随时可

《有求必应》 水墨 石军良

152

见叩拜的人和那在风中飘摇明明灭灭的香烛。曾经代表农耕文明灵魂的民间信仰以及附着信仰衍生出的传统节日,在急剧变革的时代也面临着生与灭的选择。携裹在时代潮流下惶惶无助的乡村和农民以及各类社会人,在工业和科技的夹缝里寻找着灵魂的栖息地。世事变迁下的民间信仰,从来没有消失过,而是深植在广袤的大地上,活在民众的日常生活里。石军良敏感地抓住了这个议题,把民间信仰的整体空间视域下架构,学术性地厘清信仰的流变、流布和共性与差异性,从生活在身边的个案研究着手,以活态道德经的方式呈现出来。

释迦佛说:"人身难得,中土难生,正法难闻。"中土是出大德之士的地方。根植于本土的朴素信仰,本身就具有效天法地的源生文化的力量。在他的笔下,模糊了神庙癫疕的实体空间,而是凸显住在庙里的神。有神祇就有神庙,神是灵魂的寄寓和精神的寄托以及心理的慰藉,一定程度上,神祇的特征代表着人们朴素的愿望。石军良就这样用笔墨一笔一笔地勾勒着他的所见所闻所思,每一根线都落在实处,每一滴墨都有敬畏。百姓膜拜的是他们心中的信仰,石军良崇尚的是道德之经。一样的肃穆,一样的虔敬,一样的神圣。

今朝风日好
——中国当代艺术个案鉴赏

石军良的作品深具绘画性，笔墨点、划、勾、挑干净利落，通幅没有废笔废墨，一气呵成的气势有种喷涌之势。笔线语言和形体结构的能力在取舍着力处直接果断毫不犹豫，线条间的起伏、转折、呼应，都恰到好处。整体的虚实、布局的留白、笔线的简繁、笔墨的焦湿对冲与延伸错落有致气息贯通。需要强调的是他把留白处理很智慧，有着落在实在的虚空。宾虹老人曾云："实处易，虚处难。"虚非真虚，因此如何布虚并与实处形成呼应关系才是高手，而石军良把笔墨虚实安排得很妥帖。最重要的是，他大幅度实用焦点透视法，大胆果决，足见其功力。

道德经讲究的天人合一的实用。民间的神祇流布在各种田间地头、村边域内，一庙一神或多神，自觉地承载着人们生活精神上最真实的一面。代表着民间信仰的神祇是抽象的精神具象的存在，是千百年来的民间人们用生存行为和生活情感写就一部生活之书、无字之书，是一部真正深入民间的道德之经纬，文化之衡器。于是，石军良的《有求必应》里的一众神祇，不是抽象的，是写实的，而一幅幅作品排列开去，却组成一座民间信仰的殿宇。他描绘的不是民间崇拜，而是充满人性价值的文化生态。在此意义上，石军良与其作品，可谓是打开了民间活态道德经的扉页,他还要一页一页地书写下去。

蒲克明:"当人类隔阂泯除,四海成为一家时,《道德经》将是一本家传户诵的书。"

流浪的家园
——高云龙之村庄图志

一眼温暖,两眼窝心,第三眼心就酸了。这就是高云龙的《乡村图志》的力量。

曾经世世代代生活在这层层叠叠、错落有致的土木房。村头的老树、晒太阳的老爷爷、小脚的奶奶、做针线的女子、嬉闹的孩子……打谷场、谷草垛、西坠的夕阳、归来的牛羊、袅袅的炊烟……就这样,心底的记忆和情感被一波波勾起。回忆,总烙着年少的印记。记忆中的家园,在一次次远游归来,一寸寸颓败。兜兜转转的岁月,砍斫着曾经的美丽,院落在荒凉中倾圮。

我们的家园,谁来阻止你的远逝?

何时?我们变得没有了根,家园在流浪……

站在村口,截取时间的节点,一路寻访,一笔笔找回村庄的记忆,以细腻的笔触,以虔诚的敬畏,再现村落的前世今生,既让人温暖回味,又使人备感惆怅……如此安静祥和的村落,绿水青山,自然闲适,消失的风景,以更

第三章·大地的诗经

浓郁的笔墨描绘。童年的记忆,在成年后的情感归处。渐行渐远的村落,家园成为概念变得模糊而怅茫,而绾在野草上的日子从未老去,心的某个角落,它一直都在,它的味道总在夜色里弥漫。

《乡村图画》 油画 高云龙

今朝风日好
——中国当代艺术个案鉴赏

思想站在画作上。家园书写应该始终与人类自身的认知程度保持同步，村落的文化特性和审美特性，在村落文化碎片化的当下，思考村落的历史文化内涵，探究人类精神家园的构建，这种散点空间叙事结构和独特的叙事模式，是中国当代艺术、文化建构与美学创新的难点所在。因此，高云龙的创作，无疑触到了时代的痛点，而支撑作品的精神穿透力自然也就不言而喻了。

高云龙将岁月悟融于纷繁的意象，记忆就从无形无影变成具体可感之物。这些意象在笔触色彩间腾挪跳跃，构成一幅情趣盎然、动感十足的画面，充满温情和感动。而掩藏在温情背后的挖掘力和穿透力，锋利、凝重、庄严，充满生命的质感和厚重的悲悯情怀，以一种温暖的姿态凝望着你，无处可逃。自我和世界浓缩在尺幅间，让思想和情感碰撞出艺术的抒情意味，回味悠长。

悲悯情怀和艺术语言的措置，放逐着他乡的距离感和流浪感，这是一个画者都期冀的境界。空间不陌生，记忆不陌生，现实不陌生，拙拙的笔墨，没有夸张，没有渲染，只有情节的描摹和内在的抒情，对记忆风尘和韵味的追忆，使无数个历史的瞬间变得伸手可及，开启出另一个意象空间。对家园的珍视和挚爱，对家园归宿的缘起和指向,不经意间将历史与今天紧密地连接起来,让我们的漂泊之心有了根的意象。

家不仅仅是一个家园的概念,更是一个民族行走的里程。艺术在自然流淌,村落不再是村落,家园不仅仅是家园,而是一种庞大而纯粹的精神隐喻。生命本初散发的乡愁,因为对家园的挚爱深沉而沉淀成艺术的底色。高云龙的创作姿态,回答了一个问题:如何回归常识,走向事物本身?站立在脚下这片土地,依照着生灵的启示,挖掘生命的厚度和深度,对家园做理想情怀的眺望、体认和回归源自本真的坚守和生命意识的探索,绘画的内在性和精神性自然而然地隐含在画面里。

家园的流浪,触痛着我们每一个人的神经。家园,渐渐成为少数人记忆里的画面。村落,作为农耕文明符号的消失,意味着什么?一个民族的记忆还能存在多久?这种文化自觉和文化追问,让高云龙的绘画有了别样的意义。

落笔,想起一个数据:中国的自然村落每年正以每年近30万的速度递减。

水墨信天游
——高宏的塬乡生活日志

"没喜没愁的,唱啥歌呢?!"

想起信天游,眼前总晃悠着一张沟壑纵横如黄土塬一样的脸,正了正头上的白毛巾说。是啊,信天游,不是唱给别人听的,是唱给自己听的。信天游能打动你,是因为它本身就是生活就是心声。

信天游是塬的记忆,流转在黄土高原的山坡洼田野村落的歌声,是世世代代的陕北人,感于哀乐缘事而发的衷肠之音,是用来拦羊嗓子吆牛声,吟哼吼喊出的山野之声里巷之曲。天然带着黄土地上泥土的清香,流丽着黄土地儿女最通俗的激情,它天生就是黄土地的母语,任何语言在它面前都显得苍白,它是小调小曲却宣泄着黄钟大吕之势。

信天游不是田园式的,也不仅仅是牧羊人的嗓子,是我们回望它时才有的心灵的悸动。一如高宏的水墨民谣对塬乡生活的摹写,尺幅不大,却自成一体,蓬勃着生命的原力。

　　高宏的塬乡水墨系列，是陕北生活的日志，以回望回味式。那曾经离自己那么近那么近的日子，如今在心中回荡，那曾经的艰辛和酸涩都化作了笔墨的轻松。在离乡经年后的今天，心灵重新回归到故土，那山那水那沟壑梁峁，那曾经的纠结与挣扎、苦痛与矛盾、忧伤与哀乐、压抑与愤怒都不再，只剩下美好，一如那塬上的民谣，一声声，慢慢的，悠悠的，或高亢明亮或抑扬顿挫。日子叠加成民谣，宛若苦难的生活经过岁月淘洗过后的，剩下的都是好故事。

《碾米糕》 水墨 高宏

所以，高宏的作品出现了新的面貌，曾经在画面下奔突恣肆的愤怒与力量，在这里变得平和从容。佛说烦恼即菩提，放下就是一重天地，一重境地。于此，高宏的塬乡水墨系列完成了自我的救赎，对自己、对家乡、对故土、对自己的艺术、对那片黄天厚土。作为土生土长的陕北人，在走出陕北后，再回望陕北，审视陕北，无疑对陕北的认知更上层楼，无论是风土人情还是文化内涵。

高宏的笔墨，依旧是充满力量的，只不过这力量不再是曾经的血脉偾张，而是原发力的自然流淌，一如那一开口就是心中流淌出来的民谣小调，轻松自如自然而然。墨写陕北，高宏不用刻意调整自己的状态或考虑笔墨图式，他就是那片土地的一分子，一出手就是纯正地道的陕北味，好比他带着浓浓陕北口音的普通话。他写的是塬上的日子，塬上的生活，塬上的一窑一灯、一草一木，一头毛驴一个石碾子……塬上的喜兴塬上的忧愁艰涩，塬上的一切一切。他在写他自己，写他塬乡的梦塬乡的诉说，对苍茫天、对黄土地、对黄河水。

在高宏作为水墨探索里，陕北曾经是意象的符号，象征的意义大于内心的呼唤。当他的笔墨落实在塬乡的土地，踏实与松弛，让他的笔墨灵动得好像信天游的音符在笔墨里闪烁跳跃,层层叠叠绵绵密密,好像信天游的旋律在画面上萦绕回荡,来来回回反反复复。

高宏的笔墨,线是陕北的山川沟崂的印痕,墨是黄河水的留影,色是黄土地的风尘染就,调是黄土塬上信天游在飘荡。因此,他笔下的每一根线条或粗或细都有着黄土塬的刀砍斧皴的力量和黄土的松厚;他笔下的墨或流利或凝滞都有黄河水的湍急或平缓的律动;他笔下的色泽,或枯墨或赭黄或艳红,都是黄土塬上的风吹起的沙尘落下,或厚或薄;他笔下的调性是毛驴踏在黄土地山路上的嘚嘚声,是那石碾子在磨盘上转动的吱嘎声,是那信天游在圪梁梁上的起起落落。

信天游,在似乎静止的日子里一遍遍地吟唱生活,吟唱着岁月时间,不知不觉间,信天游在日升日落间晕开了光阴的年轮、黄土地的年轮,一圈一圈,越来越密,越来越坚实。而高宏的笔墨也在施施然地墨写着日志,墨写着远去的村落远去的生活,写着写着,笔墨就唱起了民谣唱起了信天游,那记忆中的塬乡日子塬乡的歌谣,就直直地戳中你的心,暖暖的酸酸的涩涩的……

善感的高宏,笔下的图景是生活的歌声;敏感的高宏,笔下的形象是质朴的写照;多思的高宏,笔下的图式是原生态的当代性书写；善思的高宏，笔下的功夫是故土文明的回归。

信天游是黄土塬那片天地造就的，高宏是那塬上伸长出来的树，枝枝桠桠都带着塬上的风和沙，无论树冠多高大，他的根他的血脉始终深深扎在那片塬上，那片生他养他的黄土塬，那片孕育滋养了五千年华夏文明的黄土地。

塬乡的水墨民谣啊，你尽情地舒怀；信天游啊，你一声声唱，只唱到那对面的圪梁梁，唱到黄土地上大风起兮云飞扬，唱到黄河水那个九曲十八弯地淌，只唱到那个地老天也荒。

出入故园
——王路刚问道水墨水彩

从故园出发，再回到故园，是王路刚艺术创作的旨归。

故园，在今天，已然非具象的含义，而是其外延意义，近可指一切乡愁所系，远可指本土文化与本土艺术之根源。于王路刚而言，其艺术之路是经历了从内到外、从外向内、内外交融的过程，并走出一条属于自己的水墨与水彩的融合之路。

出入故园，一出一入间，需要穿越多少喧嚣浮华、声色犬马，需要进行多少解构、重构、建构的反复试验。而其间，对自身文化价值和艺术出路的思考，既具有探索意义，又符合自己的天性和意趣。

记忆是有形有色、有味道的。王路刚笔下的老房子、风景或人物，无一不带着记忆的痕迹，他的心底始终保有一份净土，那片净土就是他童年记忆里的家乡，那片土地、那片土地上的人们、那片土地的风情。看到王路刚的

今朝风日好
——中国当代艺术个案鉴赏

《向阳》 水彩水墨 王路刚

作品,一方风土人情的气息扑面而来,似乎闻到淡淡的炊烟味,而风声、人声也从若有若无渐渐到越来越清晰。品王路刚的创作,总是想起王维的那一句:"山下孤烟远村,天边独树高原。"只一句,远村、孤烟、老树、云山……萧疏清淡如一幅水墨画,一派闲、落、静、空、寂、无的冲淡意境。那是当下每一个有文化情怀的人的理想化家园,洗去人世纷争、远离尘世喧扰,只有大自然的宁静和邻里间的朴实。这样淡淡的人间烟火气,若隐若现地意会在遥远的梦里，难以言传。但是这样的境地，在王路刚心里具体而形象，内心的平和淡泊溶于笔墨，并流淌在画面上。不用浓墨，色彩上也不务华艳和夸饰，只是静静地呈现，鲜活、平静却直达观者的灵魂深处。

王路刚笔下的老房子，站成了岁月的姿态。它的朴实平和传达着华北平原人们的智慧和昔日的高贵与辉煌，结构上的张力和视觉的质感充满东方韵味。而这种意味与自身的生命记忆有机地融合，从而具有了鲜活的生命力。老房子，作为艺术家的精神的领域，既是自身情感的寄寓，又是艺术的滋养和根性。笔墨总是绕不过的生命痕迹，所以说，看画如看人，通过画能看到一个人的生平和素养。而王路刚如同他的作品一样，一片平和，而这种平和是那片土地的气质，也是其后天在出入之间的悟得。当时间渐次老去，身后的往昔越来越清晰，王路刚的笔触回到童年回到记忆回到故土，也就回到了艺术的根本。原乡的自然和人文，以一种清醒而健康的生态呈现，以本土的温情和尊严告诉他一种自然的思考方式。因此，王路刚的老房子、风景和人物，都是他在经历过出走和喧嚣之后的反思，也是在远离与回归之后故园与其人感悟的一触即合，从而在情感归属指向清晰之后思索和探究在创作力上的进发。他的最终目的不是终止于原乡绘画韵味的再现，而是遵循情境与心绪的流向，指向传统的艺术情境和精神故园，那才是艺术的原乡和源源生发的源泉。

传统的水墨追求写意的古朴与空灵，纯粹的水彩讲究明暗透视；前者求水的妙境，后者追彩的丰富；墨者重意境，彩者重写实。二者非同根同源，共同之处是靠水分的掌控。二者都入门易而精通难，而把二者有机地融合，早已有之，但真正能把水彩写实功能与中国水墨的审美趣味和笔墨意韵融汇到不着痕迹的少之又少。王路刚在这方面的探索很有意义，他以墨为精神引领，以水彩为借鉴，以水冲彩，以彩融墨，墨为彩之基，彩为墨状形。笔墨御水彩，浓、淡、干、枯、湿尽在水味韵涩中，水彩借助水融色，墨与色碰撞，国画笔线技法控制着色的流向，艺术家的敏感和丰富的经验，使得水墨的意与水彩的实在虚虚实实、有有无无中浮沉隐现。墨色的干湿交替、彩色的流痕天趣、国画写意空白的利用以及干湿带来的虚实感、空灵感等传统技法，使得画面符合中国传统的心理习惯和审美取向，同时为水墨当代性和视觉性的困惑寻找到了新的传达媒材和艺术语言表达方式。

王路刚的水墨水彩作品，画面简洁、明快、直抒胸臆，又不失绵密含蓄的内涵与本质。绘画语言上，水韵、笔线、墨色、意境都有了根的依托与衍生的母体。意味深长地把本土文化与外来文化的关系处理得恰如其分，使其二者互补共融相辅相成相得益彰，拓宽了水墨语言，丰富了水墨的艺术表现空间。

出入故园，是王路刚历经多年学养与艺术追求之后，对自身的历史空间、生命空间和思想空间的思索与表达，他智慧地从传统文化找到自己的艺术的基点和出发点，找到并确立自身艺术的基本方式。通过个人化方式，王路刚把中国传统文脉成功地切换到当代语境中来，使当代精神在中国气韵中找到寄托。使其艺术创作与传统文化有了内在的联系，又对传统艺术本土化和当下性的表达做出自己的努力。从记忆到画面再延伸拓展，既凸显了中国的艺术趣味，又彰显了本土艺术的无限性。在反反复复的出与入间，王路刚成为来往自如者，所有的积累、探索与感悟都已足够，剩下的就是深度的纵深与浅出的哲性对话了。

故园，是每一人的故园。置身王路刚的作品面前，每个人都有定格回望的似曾相识感，无意中具有了集体的意识形态，出入故园的痕迹成为岁月在寄托和心灵的弥望、叙旧中的峥嵘和平静。出入故园，是怀旧也是反省，是一个时代的结束,也是艺术的开始。旧日时光渐行渐远的意识,正在显现为形态。

钱钟书在《谈艺路》里说:"东海西海,心里攸同;南学北学,道术未裂。"一语中的。

周春芽的田园梦：妖桃·红人·绿狗

陶渊明的《桃花源记》甫出世，就勾起一代代士子精英们心底的秘望——平生得一方园子，种一片桃林，养上一群鸡、几头牛，还有一条看家的狗，和心爱的女人白头终老。

就艺术而言，多数艺术有着艺术家的人生折射，能把艺术和人生互为注脚的，在现当代艺术界，只怕周春芽是当之无愧的。一路走来，他的作品演绎着他的人生桃花源，从绿狗到桃花再到女人。

名字是一个人的符号，往往与个性或命运有关。周春芽这个名字是周父起的，关乎出生的季节时令，但也无形中预示了他的艺术趣味，无论是红桃开在春天，还是绿狗的颜色充满春色。童年颠沛流离的生活，生命都朝不保夕，家庭温暖成为奢望，以至于对其后人生的家庭观念有着潜在的影响，总在其婚姻内外若即若离起起伏伏，尽管有种种不得已的客观因素。

今朝风日好
——中国当代艺术个案鉴赏

从相学上讲,周春芽最具官相,但是其艺术创作却是如此观念性,如此具有表现性,又是如此地反传统性,遑论题材的迥异变更。

绿狗,原形是周春芽那已在天堂的牧羊犬"黑根"。他跟黑根的感情毋庸置疑,以至于笔下绿狗的状态,狰狞夸张到狞厉,而绿色的使用,让画面具有一种妖异、阴郁、怪诞的冷暴力气质。周春芽的绿狗,拟人化的记录语言,叙述着黑根日常的所见、所思、所行与所表现,无论是动物式的或快乐或悲伤或愤怒,都宛若黑根的日记体。从某种角度和意义上讲,绿狗是带着些许自传性质的。同时,这种以动物的视角看世界和表现世界,无疑与莫言的小说不谋而合,充满讽刺意味,冷冷地质疑着世界。只不过一个是艺术语言,一个是文学语言,表达着背后作者的情感、思想、态度、观点和立场。

就这样,绿狗慢慢远离原来的"黑根"情结,而成为一种象征符号,折射着艺术家的艺术性格和社会生存语境。绿狗的处理手法也越来越抽象,越来越随意。而作为初衷的黑根以及作者创作的初心,也越来越远离了其再现性,而倾向于其表现性。

周春芽的桃花,绚丽到烂漫,把传统里桃花的妖冶

第三章·大地的诗经

《江南桃花》 油画 周春芽

张扬到极致，不期然勾起人们对"桃色"的旖念以及种种俗媚的附加含义。尽管据说是桃林与他的感情有关，足见桃花盛放时的勾魂摄魄。桃花这个意象，最早出现在周春芽的笔下是在1997年，那时的桃花是盆景式的，纤细、单薄，只不过是生活的一个小陪衬，画面节奏上的一个小调节。2005年春，龙泉驿山下的十里桃花，当真是春风酥醉了艺术家的心。桃花的绚烂、生命的张扬、艳丽的野性意

173

味,是偶然也是必然,在周春芽的笔下层层叠叠地肆意盛放,宛若生命到了极致、情色到了极致,欲望、野味恣性地律动。周春芽把传统含蓄的表达和象征的面纱干脆利落地撕去,把人性最隐蔽的自然属性痛快地释放和呐喊。

若以艺术手法论之,周春芽的桃花无疑借助了中国式写意,但是桃花树下的红人,是对情色的二度再现和挖掘,尽管他说人血是红色的,用红色人体反思战争。但这"战争"一旦以桃花为背景,总是别有一番情味在,颇有"花下风流"之情状。赤裸裸的情色,粗暴之上一抹桃色的温情。从这点上看,周春芽的桃花红人只是假写意之形,实则是反文人写意的。文人的写意,是含而不露,是沏茶剪烛之后剩下来的淡淡心事,只说得三分。

画面背后站着一个人。毋庸置疑,周春芽是一个推崇中国传统文化的人,从古典音乐到写意手法的借用和画面题材的变化。在他笔下,山石、绿狗、桃花红人,都为他服务,他赋予中国的传统题材以表现性,而且把二者结合得很好,这从艺术市场的反映就看出来了。经营多年,至此,周春芽的田园梦算是基本构建完毕,接下来的田园生活该如何续写,请听下回分解……

焦墨里的信天游
——浅谈梁建平的焦墨语言

东山上的糜子呦,

西山上的谷,

咱们黄土里笑来黄土里哭

……

一听信天游,心就哭了。

一看梁建平的焦墨,就听到了苍凉凉的信天游,就看见了莽苍苍的黄土高原。信天游揉进梁建平的焦墨,梁建平就成功了。

梁建平的焦墨系列,一张张看过去,你就沦陷了,沦陷在一部无声而有声的电影里。无声的是画面,有声的是感觉。大面积的空镜头般的远景、近景、特写等电影式语言的反复运用,黄河、黄土、天空、农民、牛羊……一种力量般直击心灵,无以名状的震撼。那种深深的刻骨的寂寞,一如信天游,或近或远地飘荡着,在焦墨积成的大片大片的黄土地上,如镜子般,折射出梁建平的心境。批判中带着眷恋，悲情里带着希望。

在电影里，空镜头，即景物镜头，指影片中作自然景物或场面描写而不出现人物（主要指与剧情有关的人物）的镜头。空镜头往往能烘托情境，渲染氛围，抒发情感，避免平铺直叙和主观陈述，给观者揣摩、思考、回味的余地。梁建平这种无意识或者说是潜意识的电影式语言的运用，其实并不奇怪。从20世纪90年代走黄河到之后经年在黄河边逗留、徘徊，黄河的涛声、黄土地的风声、民俗里的欢声、信天游的歌声，早已融入他的血液里，经历、感悟，早已形成一部电影，在他心中来来回回地播放，原始而纯粹。用心理的音效来写意主题，写实的视觉艺术，用不规则的构图和镜头语言，同构出大块写实与大块写意的奇妙融合，有力地表现了黄土人的悲欢喜乐与黄土地的关系。这种充满音乐性的电影语言的无意识使用，给深沉的焦墨涂抹上了诗性的色彩，从而形成梁建平独特的美学语言，这无论在艺术层面还是在技术层面，具有出离的艺术审美性。

黄土地，荒凉、贫瘠、干旱，但其凝重沉稳的色彩，充满母亲般的敦厚温暖。生活劳作在这片黄土地上的人们，如风沙中矗立了千年的雕像，粗粝、质朴、深沉。而

第三章・大地的诗经

嘹亮高亢地回荡在这寂寥的黄土地的上空的信天游,粗莽中揉入狂野的铿锵生命力,与黄土地的拙朴浑厚相得益彰,充满着黄土地人们对美好生活的追求和向往。人与自然的融合、人与天道的对话,成为永恒的命题。梁建平对黄土地的思考,多了层哲学的深度。

梁建平,不是在绘画,他是用焦墨在记录、寻找和救赎。寻找自己也寻找艺术民族性,救赎自己也救赎根性艺术。而绘画里叠加的镜头感,如信天游的回环设问,辩证地指向悠悠远远的历史。黄土地是生

《戏曲人物》 焦墨 梁建平

命的原初，是人生的根，是文化的土壤，是历史的源头。一个民族最初的气势，原是同大气磅礴的自然环境相关的，一个民族最初的文化，原是从静默中产生的。或许，正因为此，黄土地才充满悲情，信天游才如此苍凉。看不见的歌声和看得见的土地，有太多太多的东西埋在那层黄土地的深处。人，无法回避一个时代，黄土地还在，信天游还在，你我依然在黄土地上放牧着自己的牛和羊。在焦墨的浑朴里，梁建平衍生出的意象，道出宇宙间关乎生存的奥秘，平淡肃然，净土般充满慈悲和救赎。

黄土地，大可归入寻根文化那一脉，它唤起了国人的民族情怀。小可传达一种敬畏感，洋溢着沉默土地上沉默的人的宿命和期望。黄土地上的人们，最常态是沉默，最习惯的回答是"受苦人"。其实在他们心里，生活不苦，生命不苦，苦的是欲望。孤独的信天游，回荡在山梁上；广袤的黄土原，空旷衬托出生命的丰沛。信天游是黄土地的灵魂，凝结着深植其中的原始生命力。而梁建平笔下的一层层焦墨，力图穿透这一层层黄沙，找到那积淀已久的源发力量。

竖画三寸，当千仞之高； 横墨数尺，张千里之穹。把电影镜头手法用于绘画，焦墨线条与色块，就在繁复中蕴藏着一泻千里荡气回肠的气势。镜头俯仰间，叩问的是人间疾苦，墨色纵横的是风沙痕迹。焦墨铺陈的是梁建平内心对这片黄土地的反思与剖析、守望和期许，信天游是他焦墨里怒放的生命赞歌。强烈视觉与情感旋律的呼应，仪式般突出了天、地、人三者的关系，表现了深刻的悲与喜、寂寞与生机、传统与新生之个人与民族的生存意义。梁建平就用这种非叙事性的结构，平实地记录，其艺术张力不言而喻。

在时代变革之后，重新检视历史，这黄土地并非已然呈现的只供旁观游览的景观。田园牧歌不是文人们想象中的诗情画意，而是酸甜苦辣咸的五味杂陈。在现代性进程中，这种景观寓言般充满焦虑，这里所发生的一切都转化成一个终极追问——我们从哪里来？我们是谁？我们往哪里去？古老的文化是一个民族前进的力量源泉。作为民间文化的信天游，有其独特的地域语境、文化语境、历史语境、人文语境，蕴含着深层的传统内涵。飞速激进的社会变革与古老沉重的历史土地，悬置在这片土地上空，和解的方式在哪里？寻找与救赎，这样的焦虑与疑问需要观者持续的在场。梁建平，就是这样，用全景或特写镜头，聚焦以土地、民俗与人物命运为聚焦点的中国文化和传统

今朝风日好
—— 中国当代艺术个案鉴赏

民族特性之根，在展现开阔与雄浑的同时，把思考凝集于那渺茫的眼神中。他坐在肃穆静寂的田间地头对生命和艺术的走向进行了深刻的内省，超越了时代层次的沉静与理性。

梁建平的焦墨创作，具有鲜明的地域色彩和创作风格，焦墨色块的凝重与焦墨短线的粗粝，大写意地纵横捭阖，酣畅淋漓。他写陕北，写黄土，力求"土"。这种"土"，是民族化和地方色彩，是有灵性的"土"。他的焦墨是黄沙研磨的，他的作品是信天游写就的。他的思维空间里，陕北是美好与希望的载体，生命紧贴的黄土地，充满情感的意象，笔锋峭厉，气势拙朴雄浑，情感汪洋恣肆，语言铿锵激荡。因其不逐潮不从众，以村夫莽汉式行走在西部黄土厚土，以怀古钩沉的历史意识记录沟壑与记忆，以苍茫沉雄的笔调勾勒黄土风情，故而作品也就具有了极强的穿透力，与可触摸的雕塑感。

不掺水的焦墨，拉开了梁建平与其他艺术的距离。作为最古老难度也最大的画法，焦墨的雄强刚健与墨线造型的书写性，在黑白间营造的是一种精神骨力，提纲挈领。骨线支撑着画面，墨色提醒着精神，理性而适中，颇具中和之像。焦墨之黑，为墨之极。但其同所有色彩的关系均等，没有分别心。黑——中和之质也。貌似单纯的点、线、色块的绘画语言，其实除了功力之外，还须得果敢的自信与清醒的判断。越简单越质朴，越本体越难。在远去的焦墨记忆里，梁建平的焦墨艺术创作，恰是一种艺术本体的回归。艺术语言的回首悟道与信天游的追古问今，就这样在梁建平这里契合。

信天游，为什么红，那是黄土地山沟沟的觉醒。

山水自白
——唐辉与他的山水互文

唐辉的山水,是他对自身的关照和剖白。

第一次见唐辉的画,是在黄河岸边的窑洞美术馆——耕塬居美术馆看到的,不大的六幅写生小品,有种登高而赋,一浇胸中块垒之感。

塬塬高风晚,山山黄叶飞的黄土高原独有的景色,在他的笔下墨色苍阔朗润,宁静恬淡到波澜不惊。无论是构图布局还是点线笔墨都见其真功力,化南北山水特质于己心而又自出机杼的山水风貌气质很突兀,而书法起势落墨入笔的程式尤为砥砺。一派生动灵气,当真是地域景貌与艺者的身心通感之后的灵性迸发之作。后来听梁建平老师说,那几幅黄土高原小品是唐辉一脚踏进窑洞院子,拿起画笔就地创作而成的。再后来,不断看到唐辉的水墨作品,百忙之中依旧笔耕不辍,且作品格局有致,面貌不俗,有自家之相。他是个人物。

唐辉的山水,面貌与众不同,气息很稳,色彩丰富,信息量很大。远观，山水松弛而惬意；细读，每一根线条每一个墨点都有内容，墨和色也有其独特的超越性。一笔笔都若隐若现地传达着他的心性、悟性、情怀、追求，其人生的经历、生活的感悟以及对艺术的思考和理想，都沉淀成一种思想、一种精神和一种严谨的态度。且这一切又化成一种强大的支撑和自信，干脆利落地拉伸树立起他个人化的山水和山水情致，所以唐辉的山水是立体的是鲜活的而不失拙厚和率真。倒颇应了傅山之论："宁拙毋巧，宁丑勿媚，宁支离勿轻滑，宁直率无安排。"

唐辉的山水之所以与众不同，是因为他的山水没有停留在表象，而是在文化结构和艺术出路的延伸上。因此，他的作品是有其独特性，而不是单纯地停留在形式。他所有的画面形式、画面语言，其实都是服务于他的思想，或者说是他的思想和感悟的一种内敛的表达，一种审美的书写，一种概括的陈述，一种当下的思考方式，一种秩序上的外延表述，一种人生境界的升华，一种综合意义上的表征。

唐辉的山水，贵在其胸襟。一个人见识多了，阅历广了，思考也就超然了，下笔也就松弛了。登高而赋，临川而作，不是为了赏景，而是一抒满怀远志与一腔意气。身

今朝风日好
——中国当代艺术个案鉴赏

《最是看山奇绝处》 水墨 唐辉

在其中而游于物外,以出世之心写入世之境,方悟得造化之妙,才有那宁静恬淡的笔调、深切意味的审美和千古不易的文人心。所谓"落木千山天远大,澄江一道月分明"如斯而是。

在此抑或在彼,哪个又不是我?这是唐辉山水蕴含的哲理,也是他自己对传统与当下水墨的思考,在境遇与自身的内外互照之后的自我剖析和自我道白。每一人都有自己的路要走,全赖悟性与自我的坐标指向。唐辉的个人艺术思考成其维度，而笔墨史观成其经度，经纬之间的合力，指向唐辉山水的发展方向。

　　作为文人的唐辉，见多识广，眼界颇高，见地卓颖。作为艺者的唐辉，根基扎实，功力深厚。以知见驭御笔墨，以精神经营布局，笔法劲峭，骨力苍拙，墨色朗润，倒是颇合宾翁气息。不同的是，当下语境下的唐辉，不走寻常山水路，他的山水内核走高古一脉，这种高古是属于他内心不流俗的一股文人之气。这体现在他的书法执笔，以写入画，这是被当下很多艺者丢弃和缺失的根本。他的墨色浓缩与焦渴相间，短促利落的墨线，有悍霸之气。他的山水风貌又是当代的，这在于他的构图恣肆，吸纳中西，纵贯古今。而最重要的是他的画面气息隐隐的恬淡冲和，冲淡了笔势的凌厉和墨色的霸悍，从而呈现出不甜不媚不蔓不溢的优雅。这种优雅，是一种自身气象的外化，这是中国山水的至境，是文人艺者所追求的一种收放自如和从容的张力。

　　唐辉的山水自白，是对中国山水所蕴含的哲理的追古问今。中国山水精神，在于无画处的寻味，画外的妙思。是要通过画面的有限形式，想象到无形的世界。画面之外的无尽可能，才是计白当黑的内涵。因此，看唐辉的山水作品，是要深读他的画面的留白的空灵与满纸墨色的蕴藉之间的对话，宛若他的内心的博弈和奇思的相生。蕴藉与空灵互为依托，因蕴藉而愈见空灵，而有空灵才凸显蕴藉。脱于形似的自然真髓，不期然地与他的书法笔墨相合，如清潭照物，影像昭昭，如饮太和之气，不着色相，美感顿现。这种美感是经过他一再抛弃娴熟技法之后的去魅，恰恰是这种去魅之后的魅力所在，充满当代审美的意味。这种审美的意味符合他的个人化笔墨追求，也符合当下人对艺术的期望，更是唐辉对中国水墨出路的理想化担当。

苏轼曾有句说："赖有高楼能聚远，一时收拾与闲人。"于唐辉而言，内心在经过诸多吸纳与融汇之后的放空，而后盈盈地氤氲着唐辉心中的山水情致引渡到东方哲学的境地。因此，唐辉笔下的山水，是他心灵廓如的山水；是此处无一物、万景得天全的山水；是尺幅之间无心画，是有心化无心。清代画家恽南田曾云："今人用心，在有笔墨处，古人用心，在无笔墨处。"于此，唐辉的山水是深得云林之空灵况味的。在其营造的山水情境里，你能意识到中国山水独有的审美、意趣和哲思，你能体会到一种快意和忘机。这总令人想起黄山谷的挥笔一荡"坐对真成被花恼,出门一笑大江横"的顿释与开阔。

唐辉笔下,极少用色。纵使用色,也深浅有度,颇得中和雅韵之况味,驭色与驭墨,最能体现一个人的境界和修为。唐辉的山水多数是以墨驭色,焦淡之间营造出的黑白世界,简素而不造作,有水墨的色空深味在其中。还原到本色,水落而石出的本相的露呈,是生命的大智慧,是方东传统哲学素朴的精髓。而唐辉的山水,正走在这路上。不由地想起一起禅门公案:

曰:"步步登高时如何?"

师曰:"云生足下。"

石霜楚圆禅师一句话,看似轻描淡写,实则已过万水千山。

归 鸿
——吕岩的艺术旨归

鸿雁 天空上 对对排成行

江水长 秋草黄 草原上琴声忧伤

鸿雁 向南方 飞过芦苇荡

天苍茫 雁何往 心中是北方家乡

鸿雁 北归还 带上我的思念

歌声远 琴声长 草原上春意暖

鸿雁 向苍天 天空有多遥远

酒喝干 再斟满 今夜不醉不还

——题记

最近,变得脆弱、善感,总是泪潸然。

第一次听《鸿雁》这首歌曲,似乎是久远以前的事情,印象并不深刻,也许是太年轻的原因吧。

不久前的一天,凌晨两点,无意看见王沂东的红色系列油画,一帧帧慢慢翻看,音响里突然流淌出那首《鸿雁》。开窗,料峭的早春的夜风携裹着寒凉涌进来,飘荡的歌声空茫深邃起来。这次第，我的心如锤击，眼泪潸然而下。那种久远的忧伤凉凉的，如远山苍莽的雾岚离合，一缕曦光幻化出飘忽的微笑，若即若离，而心却淋起细雨潮潮的。

两天后，同样的深夜，放着同样的《鸿雁》，翻看吕岩的画，我再次泪水潸然。清淡素雅的灰色，细致朦胧的线条，不经意而锋利的笔触，画面上弥漫着一种安宁而美丽的忧伤。淡、静、幽、凉，愈看愈感动，那种久违的情愫溢满心怀，竟然让我不忍卒读。

此后一周时间，我把吕岩的画冷落一旁，只是一遍遍地听《鸿雁》，心被一层层浪潮淹没。那婉转悠扬的马头琴、那摇曳多姿的行腔方法、那苍凉凉悠远的长调、那充满无法言说的悲凉和落寞，仿佛从远古苍茫茫传来，穿越了时空，勾起我心底漂泊的乡愁，白山黑水般凛凛漫过。

透过《鸿雁》远望，我的目光凝注在辽阔的科尔沁大草原，低沉空旷的天籁下，风飒飒吹过起伏的蒿草，额尔古纳河如玉带在暮色中飘荡，烟波浩渺的博斯腾湖畔鸿雁在徘徊、腾飞，蒙古包升起袅袅炊烟，马头琴在草原上空回荡，而天边残阳如血。这个骑在马背上的民族，为何那些长调舒展缓慢到自由自在，而雄浑高亢到旷达苍凉？不到科尔沁草原，你无法理解为何蒙古音乐总是那么感伤，那是心灵发出的颤音，是蒙古民族对生命的感悟，是这个民族整体的审美体验。只有凝望科尔沁草原，内心隐藏的情结和超越浩瀚广袤时空的音乐在呼吸间玄妙契合，摄人心魄。

记得蒙古族诗人宝音·贺希格。贺希格在诗歌《长调》如此说："有人问我长调歌词为什么那么短？我说几缕炊烟足以支撑一片蓝天。有人问我长调究竟唱给谁听？我说唱者是在确认无限中的自己。有人问我长调为什么那么悲凉？我说欢乐没有必要那么悠长。"可谓极致。

在忧伤的《鸿雁》中，我看见《敕勒川》的景象，我看见成吉思汗吹响西征号角，我看见苏武牧羊鸿雁传书，我看见东归的土尔扈特人长跪在伊犁河畔号啕大哭，我看见成吉思汗陵墓长明灯摇曳的烛光……在蒙古人心中，科尔沁草原是鸿雁的家乡，额尔古纳河是母亲河。鸿雁一年两次高飞，冬去春归，离开草原飞过芦苇荡的鸿雁，心留在北方。这种乡愁眷恋矢志回归的执着荡气回肠，这种令人惊艳而震撼的情感就是《鸿雁》的魂魄所在。

《鸿雁》这首旷古苍穹的天籁之音，低沉忧伤。在一次次迁徙中，蒙古人心底回荡着代代相传的长调，一遍遍

第三章·大地的诗经

弹起马头琴,不论漂泊在何方,他们的根在草原,他们牵挂的是北方的"草原家乡"。在今天,现在,此刻,在我反反复复地回味《鸿雁》时,不禁追问我们的文化、我们的艺术还有多少沉醉最初本位的东西,有多少人追问过自己是谁?有多少人逐渐忘了回家的路途……

此时,吕岩打过来电话,这个不善言辞的羞涩青年,谈起他的经历,他的感悟,他的思考,思想灵光迸现处令人感动。一个敢于直视自己直面人生的人,这份勇气和清醒足以支撑他走得很远很远。回望,我能看见童年孤独的

《鱼》 水墨综合材料 吕岩

今朝风日好
——中国当代艺术个案鉴赏

小身影蜷在角落下享受那短暂的快乐,外婆家那黄晕的灯光暖暖的印象,静寂的夜色湖边,那沙沙御风的树儿的私语,鱼儿在水中跃起翻动水花的灵动,那种与自然天籁融为一体的通灵之境,那细细端详齐白石虫草画作时泪流满面的彻悟,与齐白石在世弟子80多岁的靳之林老人闲谈时的无我自在的状态……吕岩说,人就和树一样,年轮一圈圈地增加,艺术生命越来越厚重。他在生活的游走中明白了自己是谁,自己想要什么,知道自己前进的方向。他说现在很幸福。

一个人如果始终清醒,真正知道自己此生要做什么,并且一生都在从事自己喜欢的事情,那本身就是一种幸福。信然。而作为年轻艺术家的吕岩的作品,色彩清雅,点线笔触独到,以中国传统意味做支撑,西方技法为借鉴,风格独具,境界虽略青涩,但是灵气逼人。他说,艺术立足本民族才是根本,不论别人怎么看,我会一直走下去。是的,中国当代艺术走了太多的弯路,回归本位才是发展之途。所幸,如此年轻的吕岩如此清醒,令人激动和感慨。

这时分,耳边依旧是苍凉的《鸿雁》在回荡,一张张翻看吕岩的作品,尽管我一直刻意冷静,但是《肖像》系列里那马儿的眼神依旧直刺我的心,酸涩难言。一排《干葱》似乎冥冥中舞蹈着一种生命的优雅的吟唱,似有神性昭示。《Bee》里那只孤独游离的蜜蜂和那成群跳着8字舞的蜜蜂,似乎竭力在密集的水泥森林里寻觅花源,有着焦虑和无奈。《根》里无水之鱼与无根之木,相依取暖时身体的那一丝仅存的血液和水分都在耗尽。《燕》子落在高高的电线上,纵目光如炬似猫头鹰,又何来细雨青蔷色,呢喃不闻。《龟背草》里,龟已成化石,草在风中摇曳,几何时草也会干枯成龟背上丝缕纹路?还有那凝望远方原野踟蹰不前的马儿,你在思考什么?你在怅惘什么?……

在吕岩的作品里,似乎笔下的每一个生灵都是他自己,都是他自己在歌唱、在吟诵、在行走,自然与他融为一体,一切都是自然地呈现。此境地,一切外在的技法和物品都是信手拈来,艺术家的心神附注其中。因其真诚自然流露,与擦肩而过的观者四眸相对,神光离合。画面弥漫的氛围和流动的韵律宛如暮霭晨曦中的渺茫的歌声,让观者的心有一丝颤颤的柔软。而艺术家的困惑、纠结、挣扎和悲悯、释然、淡定、从容的交锋在淡淡的浅灰和浅浅的赫黄下,静静地凝望你,恰如其分的安宁和浅淡,而酸涩和忧伤却是那般突兀直击心灵。

开窗,绵长深沉的长调随风流动。"鸿雁 向苍天 天空有多遥远",灵魂深处的歌声如入无我之境。抬眼望,暮色苍苍中,一只归鸿在振翅远去。我看见鸿雁栖息在白音胡硕,科尔沁草原一片葱茏鲜花盛方,额尔古纳河在波涛奔涌,百灵鸟在歌唱,老额吉在毡房虔诚地呼唤!

所有的一切都抵不过岁月时光……

第四章

境外之境

锦屏春

山黛远,月波长,水如天。
瘦雪一痕篱角落,青子妆苔点。
借得东风,匀上桃花面。
欲笺心事,未成新句,絮影蘋香远。
青衫记得,章台月几番。
分明小径,吹花横照晚。

——贺铸

物象之外
——兼议韩静霆的水墨戏曲人物

韩静霆的大写意,是当代水墨艺术的一个重镇。尤其他的水墨戏曲人物,更是不容忽视的一帜。他的戏曲人物,超越了物象,这对中国的水墨戏曲门类是一种历史性的推进,具有划时代的意义。

戏曲,本身就是一种写意的艺术,三五步行遍天下,六七人百万雄兵,以夸张的脸谱、造型和表演程式,足谓写意的活态呈现。而中国画的水墨,写意取上,是对物象的高度概括、形简意丰。作为中国优秀传统文化的象征,二者结合衍生出的戏曲人物画,成为中国画的一个独特门类。自古以来,戏,在中国人的文化生活中保持着强大的生命力和延续力。比如西汉画像石的乐舞百戏,唐宋至金元时期的戏人石雕,明清以后民间剪纸、年画乃至皮影和木偶,等等。20世纪早期,林风眠、关良、丁衍庸、叶浅予等艺术家都曾以戏曲人物画为切入点,逐渐形成了中国戏曲人物画独立的艺术样式。之后,有程十发、高马得、韩羽、丁立人等众多名家以戏入画，戏曲人物画群落一派风格多姿百花齐放的盛况。

关良的成就，在于取自西方的素描与中国笔墨的线条结合，以戏曲舞台艺术的现场写生来摹写民族精神，独辟一径。但其中国古典文化的积淀不足以强大到消化外来文化，因此他的成就既可圈可点又有所不逮。但其在戏曲人物画的历史地位，亦然不可跨越。后来的"南高北韩"，都有自己的贡献和局限。高马得笔下的昆曲女旦，柔美婉约，装饰性较强。韩羽的笔墨古朴简练，偏于意象的表达。而韩静霆的戏曲人物，超越了物象，更重于趣味——戏趣儿、画味儿。戏也好，画也罢，都讲究一个趣儿，一个味儿，耐得咂摸，经得回味。韩静霆笔下的戏曲人物，是他沉湎戏曲的得意忘形之作。上至京昆的传统名剧，下至乡间里巷的酸曲儿，他都信手拈来，为我所用，不重写实，不拘泥笔墨，老树虬枝，又天真自然，已至人画皆老辣、真水无香、大味必淡的返璞归真之境。

韩静霆的戏曲人物，是对戏曲的再度创作和升华。简拙质朴的造型，遒劲粗粝的线条，焦渴润泽兼之的墨，点缀线与墨的色，化魏碑为己体的书法，升华题材内容的题画词句……率性天真自然平易，至真至纯之境，是为艺术

第四章 · 境外之境

化境。

中国的戏曲,是立体在空间里,有声有色有静有动,直观到可以近前呼吸可闻。水墨流丽在平面上,疏密数笔线条,浓淡几团墨痕,勾勒到你心驰神追,荡气回肠。不懂戏曲的人,是创作不出地道的戏画的;不痴迷戏曲的人,也画不出戏的神韵与味道;没有童趣的人,更画不出

《贵妃醉酒》 水墨 韩静霆

戏的趣味儿。若都不懂，那才真的是"戏"了。而韩静霆，自幼迷戏，工地打工购得人生第一把二胡，也追随乡间剧团伴过奏，后来考入中央音乐学院，再到后来创作小说、戏剧、音乐剧等，梦里都在童年的剧院里唱做念打。读书时，跟随许麟庐先生学画，随贺敬之写诗。古稀之年，悟道人生如戏，戏如人生。于是，摒弃所有足以炫耀的技法，返璞归真。

他摒弃技法，实际上把十八般武艺融会贯通化为一体，从而至达无招胜有招之境。音乐成为他的血液，滋养着他的文学和绘画。于是他的文学充满画面感，很有舞台现场即视感；他又把音乐变作平面，但宣纸上的人物却又因内质的音乐而韵辙平仄、管弦锣鼓欸乃，故事活泼泼生动立体起来，一幕幕起起落落。

韩静霆的大写意，线条极讲究，他深谙一波三折的传统用笔之道，却摒弃而用重、拙、辣的线条，寥寥数笔，勾勒出人物的角色与内心活动，形神兼备地把剧中人物的个性和戏曲的冲突高潮凸显出来。他的用笔极简，落笔奇险，堪堪一笔，道尽高旷气象。用墨用色大胆老辣，墨与色的间与离无论焦渴还是润泽，都为其心像所驭。一根线，包含万水千山；一管墨，融入万语千言。线条与墨色的冲撞晕染,动静之间的人物情节已呼之欲出。其选择的题材与内容,与自己心像叠合,超越了舞台形式、戏曲程式和笔墨性,衍生出物外之象。大雅之堂的戏曲,他画得深沉而朗润,有回味深思之妍丽;乡野里巷的酸曲,他刻画得天真烂漫,无市井之气却增深沉朴拙之厚重。老辣与天真,浑然一体;阴柔与阳刚,风神流溢。

粉墨登场演绎的是人世百味,笔墨有情定格的是知黑守白。一样的简练,一样的层次。删繁就简、以无胜有之后的虚虚实实,深含的是一份人文、一份抱朴、一份道法自然。多元的学识与背景,诗情画意的才情,奠定了韩静霆画品的境界,直指野逸。他的戏曲人物画,猖狂中不乏文气,高妙中又不失冲和。他的胸中有千军万马,笔下雷霆万钧。然,千斤的笔力,却在他天真童稚的性情里举重若轻。他是文人,却深藏一份纵横捭阖的霸气;他是艺术家,却是古典文人的今时摹本。他的大写意水墨,是当代文人画的高致;他的戏曲人物画,是时下戏曲绘画的风标。

韩静霆的水墨,既是对优秀传统文化的选择性承继,又是对优秀传统文化做创新性转化。他以自身的素养,赋予戏曲人物画以新的审美内涵;他以自身的修为,为戏曲人物画现身说法;他以自己的人生阅历,为戏曲人物画做历史性演进。

写戏画戏,人生大舞台,处处是戏,是戏非戏,一纸烟云。

门秀敏的彩墨秘境

门秀敏的彩墨之象，是秘境。

画面上流动的色彩汪洋恣肆、色墨积出的线条笔触自由任性，似是而非的肌理形制妙空无有，营造出灵动的意蕴和耐人寻味的层次。观其画作，似神游太空，生命之气、风、力，在色彩的泼洒与蕴藉中铺展、流淌、碰撞、犹疑、对抗、徘徊、融合……或迂回缠绵，或疾风电闪，或层峦叠嶂，或豁然开朗，无序中有序，有序里恣性，混沌中朗润，如太初的桀骜勃然之气风起云卷。而空灵的光却在墨与彩的层层叠叠的背景下透出来，似茫茫宇宙洪荒的光明与希望，触手可及又倏忽难握。

门秀敏的彩墨作品，以泼墨泼彩为主，其泼墨泼彩不同于张大千，也不同于西画里油彩的泼彩。他的泼墨和泼彩其实是破墨与破彩，泼墨为破彩做基，泼彩冲破墨；彩又辅助泼墨，墨泼在彩上；墨与彩对冲、融汇又流溢开去，而水有意无意地为墨和彩的层次和维势规划出轨迹。

今朝风日好
——中国当代艺术个案鉴赏

他驾驭色彩和水墨的能力非常出色，墨与彩的层次丰富而多变，细腻而耐品。色与彩、墨与色之间的灰过渡自然，层递之间的形迹优雅舒展。墨和彩的设置，在水的流动走势中，偶发出各种明确或不明确的图形，偶然而必然地呈现出秘境之幽径，而后又交融呼应出神秘的空间。交响乐一般的色彩与空灵、广阔的艺术意境形成一个全新的审美图式和有意味的形式。于此，可以说，门秀敏在彩墨领域开辟了一个全新的审美格局。

老子有一句充满玄机的话"大音希声"。大音，至境的音乐，即天籁。听之不闻名曰希。希声，即无声。用心倾听自然之声，于无声处胜出，是绘画的妙悟之境。大音，天籁之声，风来云生、日出雾散，无机心、无智巧、无矫饰、无欲望，顺应四时轮回天道自然无为而作。老子说的不是无声的世界，而是有声的世界里观者超越言说的心态。苏子说"草木有嘉声"，草木尚且如此，何况人乎？遑论艺乎？当回归到本心，回归到生命的朴素，才能自性光明[①]。同样，好的艺术自己会说话，回归到本体的艺术必是有声之作。而门秀敏的彩墨之境，显然已入了门径，并直指无相之境。

---

① 自性光明：佛教用语，指找到自己。

第四章·境外之境

何为"无相"？最初，无相写作无象，指没有形迹，没有具体形象、概念，是中国最早的道教理念，语出《老子》："绳绳兮不可名复归于无物。是谓无状之状无象之象是谓忽恍。"两个世纪后为佛教无相说。《金刚经》云："凡所有相，皆是虚妄。若见诸相非相，即见如来。"如来，如来，来处来，方得去处去。所喜，门秀敏一直参验道德经和佛经，在其前半生的儒家入世的经验上互相参照、相互印证、互为观照。当其儒释道在其心中融会贯通时，也是其艺术圆融无碍之时。止观一说："常境无相，常智无缘。"门秀敏的彩墨之相，正在路上。

很多时候，说

《秘境》 彩墨 门秀敏

今朝风日好
——中国当代艺术个案鉴赏

人具有天赋,其实一定程度上是其心性心智的厚积薄发。门秀敏的艺术,一如他的名字,敏于行,秀于中,大象之象。止观一曰:"尘劳即菩提。"想来其前半生的人生经历,案牍公务诸多尘劳原是其艺术的菩提根,其艺术慧根早已自性具足,只是需要一个契机而已。很多时候,思想是走在艺术之前的。门秀敏在涉足艺术之初,遍览群书,涉猎各艺术领域,专注修习而融会贯通,纵横比较思考并抽离出自己的艺术理念,并倾注笔下迷踪寻迹渐成秘境。从具象到抽象,从笔墨技法到泼彩泼墨,他用了短短几个月的时间,走过了其他艺者数十年的路途。至今日之绘画状态,其实是水到渠成的事。

说门秀敏天赋异禀也好,说他传奇也罢,都不可抹杀其过往的经验积累和后来的颖悟。何为悟,《广韵》说:"悟,心了。"而"妙悟"一语,由佛门术语延伸至关重要的艺术批评概念。张彦远在《历代名画记》卷二说:"凝神遐想,妙悟自然,物我两忘,离形去智。"由此而及门秀敏的彩墨之相,无先见其已心悟,从而延伸至画作的"离形去智"。想来他一派儒雅温和的外表下,有着怎样一颗恣肆狂放的心,其心性对自由的向往和渴望不得而知。纵观古今中外,青史留名的绘者,无一不是把艺术当作自己的生命，唯有艺术让他们疯狂、使他们忘我，使他们也找到了人生的乐土，也找到了自己。所谓绘事后素，此同其理。

在当下的语境下，当大多数人还以西学为圭臬时，门秀敏反其道而行之，艺术旨归中国传统文化之本源。其彩墨看似抽象，实则写意；看似不羁，其实有则；形而有象，有境而无相；看似无序实则虚实有序，看似无章实则章法严谨。他所有的心性指向的是其艺术理想对本土本源文化和传统精神的回归，是以哲学和美学的高度审视下的回归。他那酣畅淋漓的墨和彩下所蕴含的东方意蕴和墨彩流淌里渗透出的古典浪漫主义色彩，浓郁而奇诡，璨斓而深邃。生命的律动、自然的广袤和时空的浩渺，顺从心志的憧憬、感悟和色彩语言挥毫泼墨出独特的艺术时空，不复制自然而再现哲性的自然，艺术景观式的宏观意象，其意义超越了作品本身，不仅拉开他与传统彩墨绘画的距离，也拓宽了彩墨探索和表现的程式。

从画面看，门秀敏的画作没有一处是描绘性的或叙事性的，也没有任何写实工笔或写意的笔线痕迹，但他的画又总能让人感到与传统艺术有着千丝万缕的联系。这种感觉上的神似是他内心对中华远古文明和东方哲学的追根

今朝风日好
——中国当代艺术个案鉴赏

溯源和多维度深度思考使然。以中国的文化精神和文化宗脉为内在向心力，才能使作品具有丰富的内涵和深邃的隽永，才能重新审视自己的笔墨语言和图式架构，才能自由调度笔墨时空，或聚或散，或虚或实，真正进入凌虚御空的自由空灵之境。

门秀敏的彩墨，实际上是中国传统山水画的一种延伸，或者说是传统文化理念的当代性转化。能够在思想上勇于创新，不重复前人，也不重复自己，不断在水墨领域里探索，从题材到笔墨到图式做出自己的时代回答。期间过程想必如宋人王安石所说："看似寻常最奇崛，成如容易却艰辛。"但法不孤起，缘境而生。而非心非境，人境俱空，万象森罗一境中。于此意义上，所有的艰辛都是一种快乐和幸福。王阳明说："汝未看此花时，此花与汝心同归于寂。汝来看此花时，此花颜色一时明白起来。"想来，门秀敏和他的彩墨，彼此明白。

"吾隐吾无隐，空山花自开。"戴醇士《习苦斋画絮》如是说。原来，青山绿水，处处分明。

谨以此志记门秀敏之彩墨秘踪。

元山水
——温中良的山水向度

越元始,越真纯;越古老,越元气。

看温中良的山水作品,有恍若穿越千万年前的元始大地的惊艳,静谧到惊心动魄,犹如看另一个时空的山川河流,看另一个时空的自己,字里行间,鼓荡着远古的风声,陌生而熟悉,空洞而切近。

回归远古是一种理想的诉求,开启远古之初的探索,有着宿命式的执着。语境不再的当下,温中良抓住转瞬即逝的原始生态,对远古山水的本真的现代性书写,是远古的回声,是一种审美内质的重新建构,让迷茫的审美和鲜有的真诚,回到至简至真至约至朴。故而,温中良的元山水,与其说是一种山水的新图式求索,不若说是对艺术的返璞归真态度。

去过罗布泊的人,才会体会那种元始之初的洪荒,那些震颤心神的神秘,没有人烟之地的自我真实,为生而来、为生而去的生息传承,刹那间的风情揭开了生命的真

今朝风日好
——中国当代艺术个案鉴赏

《雪霁》 水墨 温中良

谛，足以令人仰望令人敬畏。温中良就这样用几根线条数抹墨色孤烟般守候着这片亘古的荒凉与鸿蒙，伫立成一幅幅亘古不变的画面。

多元化的时代，圭臬的多元化，艺术家能不迷失自我实属不易；而温中良就是一个鲜明的个例，他在锤炼个人笔墨高度的同时，不断调整自己的艺术维度，不断完善自我的审美体系，从而找到自己的创作向度，艺术气象一新。从花鸟、人物、山水，从文人的小情调到大山水的摹写，一路走来，一直保持着清醒的认知，没有受到时下的笔墨程式化影响，而是以独特的风格拉开了与他人的距离。虽是创新之初，但综采百家之法，在传统肩膀上更进一步，逐渐形成自己独到的艺术语言，独创一格，对山水新向度的推进，姿态可嘉。

为学日益，为道日损。好笔、好墨偶然得，是一种岁月的顿悟，是兀兀穷年的积日之功。温中良的山水，笔墨功夫是传统的，骨法用笔和随类赋彩，厚重与透明，丰富与留白，淡墨线条勾勒山川轮廓，再以纯色敷、染、少皴，使画面呈现一种纯粹的形式美感。这就是他的笔墨意趣。他摒弃了传统山水技法，而是让自己的笔墨在生熟、巧拙、老嫩间找到一个平衡点。画到生时是熟时，熟而后生，由熟返生，由巧而拙，无意之笔，纯朴而磊落大方，机趣乃生，赏心悦目。

清代张庚说："画，绘事也。"中国的山水画，先有设色，后有水墨。设色画中先有重色，后才有淡彩。在这个层面，温中良的元山水，是追古的，但他没有泥古，而是推陈出新。他谋篇布局的意笔和山川丘壑的式笔，文蕴俊秀与工致劲道，用笔精细而不琐碎。用色瑰丽而不火燥，画中渗以淡淡的水墨皴法，体重与气清的度拿捏得很

今朝风日好
——中国当代艺术个案鉴赏

微妙。工整而无匠气，紧密而不纤弱，雄伟而又典雅，山水气韵，古意深邃，哲性微茫，吉光片羽。这是山水的精神回归，是以现代的思维对历史回望与对未来展望。

温中良的山水，是长镜头，大广角，高天际线。构图深远壮阔，磅礴之中不乏俊秀，壮观之中又有劲健。以笔线的韵律跌宕，使几何形的线与纯粹的墨色融为一体，自然、空气、山川、河流的原生态美感和清新气息，形成了画面的质感和力度。山茫茫，峰峦挺秀；水潺潺，江河灵动。场景广阔，格调清新秀雅，布局含蓄谨严，意境深远。用笔之精细秀美和写意之豪放概括恰到好处，细笔之隽永与抒写之苍茫张弛有度。空旷中蕴含着丰富的内涵，含蓄中蕴藉着实在的内质。驻目其间，有种苍山无尽，空廓廖远，不知几许遥遥渺渺。

中国山水的背后是东方哲学，而元之一字，开元伊始，元始之初，不是空虚无物，而是胸罗万象的审美意象的流露。温中良的艺术思想构成和绘画的架构，是对骨法用笔的肯定，糅合了隽爽与含蓄，凝重与飘逸，正大与中和，古质今妍的山水画风，是一种精神的超越。中国的绘画史，是一个文化的遗传史，一切都有渊源，有根有本。只有注入时代气息的艺术才能保持它生生不息的魅力。

第四章·境外之境

犹记得元代画家钱选曾有首题画诗《秋江待渡图》,曰:"山色空濛翠欲流,长江浸彻一天秋。茅茨落日寒烟外,久立行人待渡舟。"在这个喧嚣的时代,有谁不是待渡之人呢?

读 海
——姜云宗的水墨至境

> 东临碣石,以观沧海。
> 水何澹澹,山岛竦峙。
> ……
> 秋风萧瑟,洪波涌起。
> 日月之行,若出其中;
> 星汉灿烂,若出其里。

曹操引吭高歌一曲《观沧海》,海之气势磅礴与诗人的大胸怀大气魄,使后世无数文人墨客、英雄汗颜。然而姜云宗泼墨淋漓的《海》系列,把曹操歌咏的大海艺术地呈现了出来。剥离了英雄情结,升华出海纳百川大气度,蒸腾在作品里的海魂涛魄,充满人生的哲思与人文的关怀。天为海之岸,霞染海魂衫。凝结在艺术里的张力,以深邃磅礴的沉雄澎湃起惊涛拍岸的气势。

将海入画,难!将海画得独特,更难!而画出海魂墨镜,难上加难!海之所以难写,正是因为海的壮观和直

第四章 · 境外之境

观。作为一个符号介入别的意象,是艺术惯常的手段。就将"海"作为一种直接的艺术对象而言,却往往很难找到一种意象,具有足够广阔的概括性,也很难建立一种结构,使其容纳相当的意义深度。

然而,姜云宗做到了!大海的神韵气质已然融入他的笔墨。海境海逸已然天马行空,自由伸展,酣畅淋漓。海浪与海鸥在他的笔下汪洋恣肆、瞬息万变。生在美丽的青岛,海与姜云宗息息相关。经过数十年研判琢磨,姜云宗终于在中国画和西画间找到了突破点,生活与经验的积累喷薄而出。从积墨到泼墨,从点线到晕染,墨、色、水的纵横驰骋出造型的气势。方寸之间,卷起惊天骇浪;水墨酣畅,澎湃长虹贯日。沧海浩荡的大气势,细微处的精妙如音符的跳跃,律动出一曲雄壮的交响曲。

《沧海吟》 水墨 姜云宗

今朝风日好
——中国当代艺术个案鉴赏

姜云宗的《海》，有着极强的视觉冲击力，那海浪似乎扑面而来，令你心生敬畏。日本有俳句："海黑下来了，那些野鸭的鸣声，隐隐地白了。"当时惘然。看到姜云宗的大海，突然心有警醒，墨色大海，海鸥和浪花在暮色中越发白亮，这白使得海的寂寥昏暗有了玄妙的禅机，难以言喻。

姜云宗的《海》具有史诗般的意义，一扫历来对大海的具象描摹。以齐鲁文化为底蕴，儒家浩然为气象，天道人伦为秩序，海在他笔下，既宁静澄澈又纵横捭阖，既波澜壮阔又幽深神秘，既具象又玄妙。在这样的境界里，大海的品格和气质会吸引你，裹携着你神思漫游空茫的宇宙，而海浪的声音在耳际在天宇来来回回地飘荡，忽强忽弱，忽远忽近。这样的大海之境，可谓大手笔、大气魄！

姜云宗说："大海不是画出来的，是体悟出来的！"是啊，穷经皓首伫立石壁上读海研海，无论四时轮回晨昏定省风霜雨雪。当雨水与波涛激溅出他心中铮铮的旋律时，他找到了自己独特的艺术旨归。生命与大海一起呼吸一起心跳，人与大海融为一体。在海的行吟里，体会海的魅力；在纳百川的恢宏中，颖悟生命的源初。画海为域时收放天下，潮起潮落里听涛声依旧，揽海入怀间进退无涯。驰风逐浪更上层楼，张扬内敛的民族气质。上善若水，深邃和包容同在。

至此，姜云宗笔下的大海已经超越了命题，而是多了一份生命回归源初的自然和顿悟。画海，海是他，他是海！读海，品人生，悟真谛！姜云宗的《海》，传统积墨、泼墨、破墨与西画的肌理处理，营造出震撼人心又酣畅淋漓的氛围。大海在姜云宗的笔下已经超越了海的含义，多了一份生命轮回的本真归璞，多了份上善若水的华夏民族之气魄。

观姜云宗的大《海》，如临海御波，揽海入怀，阅尽海天一色。读《海》，品海阔天空，沧海一粟，心海无边之境界。退而思之，悟进退得益，张弛有度，收放自如。做人、处世，凡此种种，以智者之从容，看尽潮涨潮落，行走无疆。

"飓风作笔画瀚海，峰浪泼墨写文章"。

如斯而是！

葛涛的重彩之相

葛涛笃信佛教，重彩作品里散见佛踪佛相。他在重彩里修行，修行重彩也修行自身。他在绘画里参禅悟道，画面里也流转着他的佛心佛相。

任何一门艺术语言非一蹴而就，探索过程的痛苦或喜乐总在作品里不经意流露，多维度实验都是证得。葛涛的重彩功力是博采众家之长之后的融会贯通。其线条取齐白石之横纵，墨韵取黄宾虹之皴积，色彩取敦煌壁画之浓丽，造型取民间年画之夸张。他受教于贾又福工作室，得师造型之精华，又能摆脱老师的形迹。有自家面貌已属了得。佛说不要着相，不我执。吸纳与舍得是参修必经之途，葛涛已见重彩之相。

葛涛的重彩之相突出在于画面里蕴含着他自己的感情色彩。笔墨作为精神的载体，他画重彩也在画自己，以画印象，笔墨与心像相通，代入感是渐进式的。其作品，色中有墨，墨中有色，色不浮气不滞。每一笔每一线都有主观与客体的参照和互证。画面虚实相生,繁密与空简相谐,变化丰富而层次递进地阐述着自己的情感。初看的图式与细读的意达,画境与心源的契合透着画者感性背后的理性,自始至终地贯穿着其艺术的态度。生命形态和心态的线性变化,在其笔墨里延伸,创作激情在实践里厚重,时间最公正,重彩图式和重彩语言迥异于他人就是最好的明证。

中国画其实一直是重视色彩的。水墨丹青,其实是先有"丹青"后有"水墨"。盛唐气象体现在敦煌壁画上,金碧雍容。安史之乱后,诗人王维提出了一个理论:"画道之中,水墨为最上。"并随着文人画的兴起,水墨画一步步形成。色彩也就随之衰落,纵使明代仇英,其小青绿山水,也只是淡彩为主。现代的重彩画是新语境下审美演变衍生出的一种新画种,也分工笔重彩和写意重彩两大门类。林风眠是大家,他以西画入笔,国画逸境为魂,走中西融合一路,无人可追。黄永玉的重彩,是版画的功底,加之个性张扬,也有一家气象。

但凡自家语言形成,赖于自身造化与修为。我指着壁上一幅老年画对葛涛说:"若成一家之言,民间年画助益良多。"这话托大了,但民间年画之趣味、之色彩、

今朝风日好
——中国当代艺术个案鉴赏

《寒潭》 彩墨 葛涛

之图式、之形制的背后的确是有中华文明千百年的活态积淀,追古方能问今。重彩是新画种,也是古老画种的轮回再生。而民间活态文化里的"丹青"恰是重彩之魂魄与气韵,重彩之无相不相。大音希声、大象无形,古老的年画里都有。佛说:"若见诸相非相,即见如来。"

"自然堂",葛涛的堂名很好,自然而然,道法自然。

卧 游
——朱天杰的山水文气

画作是画家的心印。

朱天杰的山水充满文人气息,是他个人气质的物化外相,也是我手写我心的自然流露。在浮躁当下,人们在追寻诗意和远方的时候,他的山水恰恰凸显了山水卧游的本性。

魏晋时期以降,作为时人欣赏山水画作并得以骋怀悟道的方式,卧游,成为中国艺术史与美学史的一个重要命题。所谓"仁者乐山,智者乐水",虽不能至,心向往之,是谓之卧游。宗炳在《画山水序》中如此描述卧游的美妙:"于是闲居理气,拂觞鸣琴,披图幽对,坐究四荒,不违天励之藂,独应无人之野……"自文人画确立以来,几乎与山水画等同。原因无他,盖因山水蕴藉的哲学思想与文人精神最为契合是也。虽然卧游是特定历史时期的一种现象,但其内涵的山水哲学至今仍有其积极意义和美学价值。

今朝风日好
——中国当代艺术个案鉴赏

那么卧游的本性是什么？

"云中锡、溪头钓、涧边琴。此生著几两屐，谁识卧游心？"纳兰词如此阐述卧游心，卧游心是什么心境，他没有明确定义，但答案却呼之欲出。元·倪瓒也曾赋诗："一畦杞菊为供具，满壁江山入卧游。"管窥之妙，在于内心的乾坤宇域的宏阔和天地自然人的微妙。卧游之美，在于画面的营造的安静氛围与观者思想的优游，以及与绘者的气息互动。只有卧游以来，卧游的主导者是画前的观者。而实际上，卧游的主导者不仅仅是观者，更是绘者。山水也并非是真山真水，而是绘者心里的理想化山水，其笔下的山水更多地赋予了绘者的心境、情绪、态度、境界以及瞬时的悟得。而观者在观看画作时，才会不知不觉地进入绘者设定的情境，从而与观者内心契合，并衍生出种种解读与体验。因此，朱天杰的山水画作是卧游的山水，是他作为一个文人的心灵卧游之旅。

朱天杰的山水，形制构图是其一大特色，不规则的形制，是绘者不拘泥成法的态度，营造透出一孔一窗观世界的意味，暗示出管窥之意。由一斑而及全豹，一眼就是世心一片乾坤。最大程度地彰显出内观与外观的于思一起笔就奠定了基调。

第四章·境外之境

作为文人的朱天杰，家学渊源，自幼对传统绘画深谙心中。但他骨子里又有一份创新的因子，于是他的绘画里又吸纳了很多西画的元素。东西技法统御于尺幅之内，却点墨运笔转捩极富张力。常常不经意处淡淡一笔，耐人寻味。观其画作，构图奇、散点的透视、油画的笔触，但材质是国画的、功力是传统的，更重要的基调是东方的，画作传达出的气息是文人的。雅静、幽远，是朱天杰山水画作的突出气质，反映出他在创作时的内心世界。苏利文说，文人画的笔墨"往往

《山静谷幽》 水墨 朱天杰

是未受外界干扰的真诚之心的表现"。这份真诚之心，于朱天杰而言，是对自然由衷的热爱与欣赏，是他心中山水的写照。

画中之山水，犹文中之散体。散体之境在于形散而神不散。同样，山水佳构在于形异而质同。朱天杰的山水，色彩洒脱，用笔顿挫，简阔疏朗与粗墨勾勒相间，山体山势的嶙嶙逶迤与江河溪水的寥落就这样施施然铺展开去。以文人之雅意，浇胸中之块垒。一山一水、一石一木，皆是学问。用墨设色、布局运笔，全赖气骨。不刻意求工，但彰山水之气。不泥古设色，但至色泽丰润。不追皴擦厚重，但求冲淡平和。端得是画同其人，诚不我欺。

山水画家最突破不了的是在艺术上追求自然。而朱天杰恰恰反其道而行之，他把山水画变成了自然。这份自然是他的自然心，是他的文人的平和气质。其笔下山水，不囿于"象"，属于自然再造。脱离惯性规律的山水造型，画意不画形，反而接近了中国画笔墨艺术的本质。源于活生生的山川地理，经过他的生命体验的浸润后，宏宇豪迈的情怀与清淡宁静的性格就这样腾迁着他的笔墨。品读其山水，总生出溪山虽好，清兴悠远的感慨。笔下山水，终究是心中有丘壑。

第四章·境外之境

卧游的本性，是山水在内心的投影。读朱天杰的山水艺术，不由得想起宋代禅宗青原行思法师说的参禅三境：看山是山，看水是水；看山不是山，看水不是水；看山仍然山，看水仍然水。

如如不动
——兼议双印伍灯的书法艺术

"曾经看法师的书法,只觉得一派静气。如今一见,书如其人。"深秋,初晤,对面而坐,一盏清茶,香气和淡。

"不动。"伍灯法师慢慢地回应我,沉静如水。

我笑而不语,他也笑而不言,旁边的同修们也笑了。于是,归来,我就用如如不动做了文章标题。

如如者,诸法平等不二也。于双印伍灯的书法而言,如是如彼,此如彼,彼如此,彼此互为不二法门,故言如如一也。

记得昨年元旦,在"相照艺术展"上初见双印伍灯的书法,一眼惊艳。也记得开幕式上,我安排惟航法师和艺术家梁建平站在他的一幅书轴"师父不在"前留影,我说:"师父不在,他其实一直都在。"引得大家会心一笑。还记得开幕晚宴上,陪同的陈局问我如何看伍灯法师的书法。我顾左右而言他:"弘一法师晚年的书法,通篇

第四章·境外之境

自起笔到搁笔,自始至终笔画一丝不乱,足见其修得端严和静而自得。而伍灯法师的书法,正通向此处。"

书法,尤其僧伽的书法,不仅仅是弘法传道普施法雨的方式,更是一个僧者自身内蕴与修为的外化。伍灯双印的书法自成一体,鲜明迥异于时下流行的各路书家,也与古之书体典范拉开了距离。无论僧伽还是俗世,双印伍灯的书法面目清晰得成

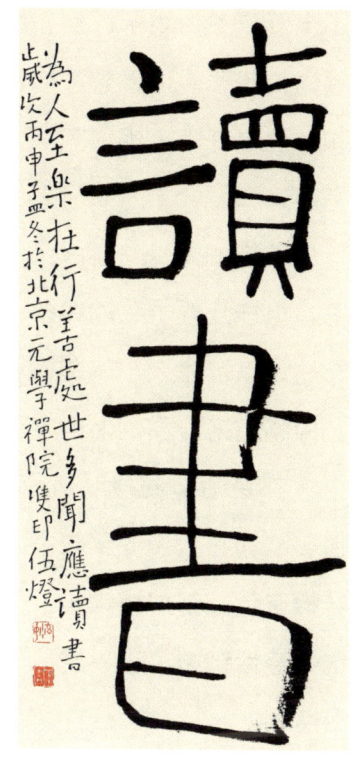

《读书》 书法 双印伍灯

了一面旗帜,在浮躁艺坛穿林的风中施施然扬开,而拿着长锋毛笔的他横折撇捺点划着拈花的微笑。定力乎?修为乎?……都以一管墨色流布着潺潺清净。

作为僧家,双印伍灯的书法,就是伽蓝雨。字,写得清净,干净得令人肃然。字,书得儒雅,君子气得令人低

了声气。书，线条纤瘦，纤而不弱，瘦有筋骨。书，佛语频仍，慈悲为怀，智慧修持。险要处见佛性，宁静时现中和。险中有佛，佛中有我，即心即佛，似乎有担当隐隐在奔突。

长锋的羊毫，站立而书，一呼一吸的吐纳缓缓地运笔，粗细几近一致的线条，以墨的浓淡焦渴来冲和。书的布局，以字体大小、疏密、走向而经营。书的内容，以内心的感应来诠释。书的字型，以内容的维度来慰藉。每一个字都妥帖地安放，小心翼翼，充满对生命和佛法的虔谨、恭让和敬畏。字与字之间，或主次分明或比肩而立或穿插有致，都如谦谦君子你揖我让风度翩然。通览，冲静统领空性御之，密不透风处令人屏息恭谨，疏朗留白地明月清风。

从容的气度、雅静的气质、涵养的气息，已含蓄地在他松紧张弛的法度里张扬，端的是笔笔有出处，线线有风度，转折勾挑处的抑扬顿挫，有着诗性的平仄与韵辙。宛若天籁的佛音在浅吟低唱婉转低回，不知不觉中让你沉入再沉入。这或许是双印伍灯书法的险地，定力不足者，会深陷其中难以自拔。观双印伍灯之书法，宗法清晰却俨然一家之言，左手佛珠右手竹笔，已蔚然气象。出世与入世，追古而不泥，独今而不弃，当下明月，行止一直在路上。

《金刚经》第三十二节："云何为人演说，不取于相，如如不动，何以故？"好一个"不取于相，如如不动"，佛心至境，外不着相，内不动心。直面世间一切缘法，一颗清净心没有分别与执着，平静以待。一盏茶里品书法，不必究竟其来处或归宿，问与不问，也明了了吧。

倾茶，离座，稽首，别过。出得门来，玉观音、黄金叶、红灯笼、青砖黛瓦、墨痕琉璃、禅音袅袅……

红尘深处，这一处净地，倒真是应了"如如不动、了了分明"。

无 相
——如是观梁建平彩墨艺术

梁建平的淡彩新作《如莲的喜悦》系列小品,堪称其彩墨艺术创作的里程碑式的作品。

唯道集虚。作品《如莲的喜悦》,虚实结合,虚中有实,实中有虚。实为虚烘托,虚从实中造。真真应了笪重光的话:"虚实相生,无画处皆成妙境。"有形但为无形造,无画之处恰为妙笔。只一个线条淡淡勾勒出人物面部轮廓,而五官皆隐。但是仅仅这浅浅淡淡的线条一勾,却似有千种面貌万种风情,丰富而生动,道尽人物的自我情绪和心理活动,于无声中点化观者。更妙绝的是无论观者立于何种角度,画中人物就呈现出各异的神韵,给人无尽遐想和颖悟。尽繁复于至简,简至极而神完气足,已臻"无相"之境,令人叹服。

何为"无相"?

"凡所有相,皆是虚妄。若见诸相非相,即见如来。"《金刚经》如是载。意思是说五感之感,皆为相。

以相求之，如水中捞月，难见真相。如果离弃一切诸相，则一切相非相，即大自在耳。就艺术而言，如果一味地执着于观念、技法等诸法相，则束手束脚，难以突破。如果心无挂碍，不泥成法，心随意走，意到笔到，墨随笔晕，则逸气横生焉。

其实，道教的"无相"理念，早于佛教的"无相"两个多世纪，语出《老子》："绳绳兮不可名复归于无物。是谓无状之状无象之象是谓忽恍。"无象（即无相），指没有形迹、形象、概念，无象之象，即大象无形、大音希声。极致处，在佛教、道教是相通的，于艺术更是如此。有形者有似，无形者无似。所谓欲穷神而达化，必格物而致知。画者如梁建平者，以自之心悟，成《如莲的喜悦》之无相之相。

梁建平，在创作《如莲的喜悦》系列时，当真是"计白当黑"。此白非留白，是指他以白颜料当墨来用，白色铺底，墨同彩色在白底上点、划、勾、描、晕、染出人物形象的种种形、态、意、韵。而白颜料或皴擦或浅写或大笔或小意地辅于形神。以白大胆破墨，以彩、墨冲白，反其道而行之，出人意料，又在情理之中。

此白也是留白，也是事空。明董其昌有号"思白"，

今朝风日好
—— 中国当代艺术个案鉴赏

《如莲的喜悦》 彩墨 梁建平

语出《庄子·人世间》："虚室生白，吉祥止止。"空灵的艺术，背后是画者空灵的心境。陶渊明有句"云无心以出岫"，亦然。用心于无笔墨处，于无心处现本然。无笔墨不仅是画面的无，而且是画境的营造。画作的形制反映着画者的心灵境域，是绘者的宇宙观、艺术观、历史观和生命体验，在构思、布局、造型、笔墨上衍生出意象之镜像。空本难图，神无可绘，无画处成妙境，是谓画之大成。因此，我说《如莲的喜悦》淡彩小品是梁建平个人彩墨艺术的里程碑。

禅宗有一桩著名公案《无相偈》，五祖弘忍挑选法嗣拟传授衣钵，弟子神秀作偈："身似菩提树，心如明镜台。时时勤拂拭,勿使惹尘埃。"慧能曰:"菩提本无树,明镜亦非台;本来无一物,何处惹尘埃!"五祖阅后,传授衣钵于慧能。随后有了神秀北宗的"渐悟"禅学与慧能南宗的"顿悟"禅法。当我看到《如莲的喜悦》系列作品时,我没有问作为居士的梁建平,这批作品是渐悟还是顿悟所致。但我明白,日日打坐参禅,日日参验艺术,行走于文明源头,追寻艺术本原的梁建平,其笔下所出,点墨所至,皆为心中所化。是艺术家长久以来心中所学、所观、所思、所悟融会贯通之后的升华与爆发,厚积薄发概莫如是。所谓艺术的修为,其实是艺术家不断地修订与渐悟、交锋与颠覆、参证与顿悟的螺旋形纠结中上升,直至一气贯之。

在梁建平的《如莲的喜悦》作品里,你能看到佛家的禅意、道家的无为,敦煌壁画的斑驳、油画笔触图式的借鉴,工笔的端凝、写意的飘逸,西部的风情、中土的中和,北国的苍、江南的润,黄土地的厚重、楚文化的奇诡,但是这些影子与味道都不是原来的气息,而是梁建平自己独有的气质。那是他几十年浸淫民间艺术、回望传统文化、探索焦墨艺术、行走文脉,吞吐大荒之后的自身之文化架构和自家之语言体系。在某种程度上,梁建平的淡彩在成画之际，时间的笔墨已经贯穿了他近三十年的探索。这近三十年的见闻、感悟、实验，都成为他彩墨艺术的一纸平面内的底色和肌理，自然地铺展、流淌、延伸。没有叙事的状态，恰恰长卷般演示着他个人艺术的叙事性。模糊的概念和表现手法，笔墨与纸质间营造出的时间空间转换，无意中，使"无相"成为他的淡彩艺术的一个符号系统。

是从艺术本原的角度、从母题的视角、从哲学的维度、从历史的经度来参照的话，梁建平的这批彩墨，是从哲学信仰里抽离出图式，从地域风情中抽离出色彩，从思维逻辑上抽离出线条，从时间空间里抽离出气韵，抒情的表现，感性的写意，哲性的符号，层层递进地推进。作品篇幅不大，但意义已然超出其彩墨作品本身的意义。以焦墨立身的梁建平，彩墨是他非主题性的创作，却无意中成就了他的彩墨图式与语言，丰沛而立体，内涵而抽象。他的彩墨《如莲的喜悦》，就这样在抽象的虚无中回到了艺术本体，还原了艺术的本相。而"无相"也成为梁建平彩墨符号的一个视觉存在。

苏轼诗云："君看古井水，万象自往还。"

是以记之。

涅 槃
——浅谈柴刚的后敦煌图式

当敦煌艺术在当代被多角度多维度地探索和试验时,柴刚却趟出了一条涂满犀利底色的路,敦煌艺术在他的油画笔下完成了涅槃重生,而他的笔墨语言和绘画图式也找到了皈依。

一直以来,敦煌艺术影响着世界,但是作为艺术的敦煌精神却没有被恰当的语言阐释。自从敦煌向全世界揭开神秘的面纱后,从事艺术以及与艺术相关的人都要去瞻仰一番,或临摹或存照或研究。敦煌艺术有其一系列的艺术表现程式,其色彩、线条、色块等元素都有着具体而有抽象的符号和独特的时代美学特征。是否需要借鉴的太多,以至于太多太多的艺术家流于单纯的摹写或停留在表面化的形式变化?把敦煌艺术融会贯通为自己的艺术语言迄今为止只有两个人,一个是张大千,一个是董希文。尤其后者,他把以西画技法表现敦煌壁画,了无痕迹而又具有浓郁的东方情味,可谓出神入化,遗憾的是董希文英年

今朝风日好
——中国当代艺术个案鉴赏

早逝。

敦煌艺术是佛教的艺术,也是信仰的艺术,倡导虚静和务实。在当下,艺术浮躁之时,敦煌的祛魅和无我的特质,无形中触及艺术家追求艺术臻境的灵魂。很难想象,如果没有信仰,艺术如何能打动人心。师法古人,也要有自己的人文情怀和深厚学养来支撑,唯此才可以形成自己的艺术语言,语言才不苍白乏味,才具有摄人心魄的力量。

第一次见到柴刚的后敦煌作品,是在我一回头的刹那,我的眼睛就无法移开了。深褐浅赭的色彩流丽的菩萨,面部却是一片黑色,没有五官,然而我却能从那空无以及体态姿势和衣纹流向感受到一种无形的力量的攫取。在作品中,柴刚明显采用了两种或三种时代造型风格相组合的表现形式。躯体采用唐代的丰腴圆润,手形与手语运用隋代的秀气柔美造型。这不仅使得作品的造型美观,而且具有了时空的纵深度和艺术张力。

柴刚的后敦煌艺术作品里没有叙事,也没有诉说,宛若一幕幕没有主配角的戏码。衣冠、服饰、法器、肢体语言等道具貌似喧宾夺主,极尽细腻雕刻之能事。那些只有纯黑轮廓的面孔的主体,却被粗暴地抽离,平添了一份神秘和迷茫。而这种迷茫空洞却有力地暴露出内心最最真实的无奈与迷失。颠覆式地错位，承担着矛盾的两极，精雕细琢的富丽繁华与空洞幽深的荒凉冷漠，一如时代与人生的浮华与苍

《敦煌》 油画 柴刚

白。柴刚的后敦煌系列暗喻出当下的一种艺术生存状态，发出一种当代艺术回归自身语言的呼唤，因此而具有被赋予更多的诉求与探索的可能性。

在当代艺术癫狂到自我迷失的语境下，艺术已经失

去其本体含义。柴刚的后敦煌系列，犀利到一语中的。而在其作品中，他借助不存在的载体突出其形而上的生命本色，以本色对抗底色，充满尖锐锋利的力量，并以佛家的得大洞见着艺术的流变和潮起潮落。

柴刚的后敦煌创作，不是生硬照搬或东拼西凑，而是在对敦煌技法进行艺术地吸收和消化之后的自然流露，自始至终，他都紧紧抓住了敦煌的神韵气质。他深味敦煌博大雄浑的民族精髓，融合了自身对敦煌文化的认知，而后对敦煌技法进行消解和重构，以更为直观的视觉冲击和感官体验，让观者对敦煌艺术有一个全新的视角和解读。在这层面上，他是真正开始走出敦煌的程式范围，走向了当代艺术。他的无五官的语言图式，无疑成全了他的后敦煌艺术范式的架构。

柴刚的后敦煌艺术语言还需要时间的检验，他面前还有一条长长的路要走。但并不妨碍我们看到一抹亮色和曙光，也并不妨碍我们探讨其艺术创作手法的可借鉴元素。敦煌艺术博大精深，在中国艺术史上，古代艺术家已经平静地通晓了色彩与体积、线条与造型的关系。在这方面，柴刚是沿袭了敦煌的技法。所不同的是他独辟蹊径，画风干净决绝地走向新方向，而表达上却运用自如，不受牵绊，彰显出一种新生的力量源。

　　柴刚对敦煌艺术探索和思考，以内省和质问的方式，重新给敦煌艺术注入一种回归艺术本体的生命活力，把宏大的艺术做到切肤之痛，带着工丽的渴望和诗意的神往，遥望着宏阔的历史过往。

禅·墨
——石松子山水与禅意审美

石松子的山水，有一种宗教感，有落尽繁花之雅净，脱尘世流俗之空明。

山水画最能体现中国文化精神，对山水画精神内涵的深刻理解与诠释其实是一种诗性的精神再现和画者自身素养的流溢。石松子作品里的苍茫、虚静、恬淡、空灵与畅达，在艺术境界层面具备了一定的美学意义。

"山色无非清净身，溪声便是广长舌。"苏子的禅悟，在石松子的山水里神会。在其《空山灵语》系列中，禅意、诗意、画意融于一体，彰风清骨峻之相，显疏朗静逸之气。在其笔墨营造的禅境意象里，一份对山水哲性的思辨和参悟蕴藉其中，透出某种自然力的提示。山水核心是禅，而禅在山水中。隐现于山水云岚中的"佛"（即禅）已得"实相无相""诸法空相"之堂奥。山水是表象，而朦胧的"佛"是拨云开雾直探意义之核的禅心。

以禅入画，以山林胜景为客观描写对象，营造冲淡

第四章·境外之境

空灵的艺术意境，含蓄地表达画者的恬淡孤静的性格特质和内心对静谧绘画美的诉求。作为在家的佛家弟子，石松子对佛教和佛理的研究颇有心得，而长期以来传统艺术的浸淫，使其艺术的虔敬和佛教的慈悲在山水语言里融汇，行云流水的笔墨流淌出潺潺的禅意，宁净的意境苍茫而古雅，空灵的氛围里祥和而自在。山水被组织的朴茂，佛出离其间的深意，心物一元，既充满了富有笔情墨趣的艺术语言美，又展现了绘画的诗意美、禅境美和心像之美。

山水是石松子心中的山水，是其宗教体验向审美经验的转化，无论是画里有禅、禅机自然，还是色相具泯、清幽恬淡，抑或妙近自然、含蓄不尽，都在其淡荡简练的笔

《野亭落叶深》 水墨 石松子

墨里清明剔透,引人遐想。而画面里的飘忽的"佛",凝神于景,又游离于景外,指向"空",这种"空"是画者"无心""无念"与自然合一的禅意,是"无空可住,是知空本"。是山水审美内涵与释家之道的融合,它突破了传统山水的构成定式,解构了一般意义的时空并置其中又置身其外,心灵作为观念抽离成时空的虚境,笔墨随之流淌营造出超脱意境。因此,画面里的"佛"静穆观照的,不是山水,是画者自己的内心。清风无驻山空水闲、近读山水远感风月的清凉界,意会得苍苍青山,尽是法身;汤汤云水,无非般若。这是一种有益的禅与墨的尝试,也是大胆的绘画语言图式的新构。

宋代画家郭熙说:"山,以水为血脉,以草木为毛发,以烟云为神采,故山得水而活,得草木而华,得云烟而秀媚。"石松子的作品极其注重传统笔墨,用笔洒脱,线条自如,墨色清雅,笔触细致,大处运笔举重若轻,细部落笔惊风雨。山石、树木,勾染皴擦并用,笔法墨色兼顾,勾勒纵横间,虚灵之笔频出,线条或圆润或厚重或轻灵或淡染,尽显师法而无法,无法之极乃至法之意蕴。点染间的清墨,浓淡转换之间赋予山石树木以呼吸以灵性;笔墨渲染处的留白旷远,给人于空茫的水域、缥缈的山岚、朦胧的云烟和幽深的峡谷以想象。苍劲凝重的笔触，淋漓湿润的烘染，借鉴古人水墨笔意，又匠心讲究地把游目骋怀推陈出新。

石涛有句名言："运墨如已成，操笔如无为。"在石松子的《空山灵雨》中，画者以笔御气、以墨求韵、以神得貌，注重虚与实、聚与散、黑与白、动与静、墨与色的对比关系；以笔墨为意趣、以哲性为内涵、以禅意为宗旨，灵动而又朴拙的手法，经营着山与水、云与雾、天与境的关系；线条、墨色、运笔，处处体现出画者醇厚的功力和纯净的气质，传递着画者对生命的体验、自然的感悟、生活的积淀与精神的引领。而用笔墨间的佛性禅心，在那一尊虚拟与真实的"佛"，内敛而丰富，构思巧妙，寓意深刻，令人清新而神怡、平静而平和。藏而不露而又露而含蓄的手法，细致地描摹，立体地呈现了石松子内心对山水本质的颖悟和信仰的空净诉求。一幅幅空灵飘逸充满禅意的山水佳构，宛若一曲弥漫着潮湿水汽的山水交响乐，抑扬顿挫地诗性着，跌宕起伏起承转合地平仄婉转着……

参禅三境界：看山是山，看水是水；看山不是山，看水不是水；看山仍是山，看水仍是水。

于石松子而言，唯有妙悟，方得禅机，不虚妄。

何去?如来!
——隋牟水墨的文人之致

作为平民文人的格致,隋牟是当代的沈周。

隋牟骨子里是个文人,饱学之养流露在画作上,自是一派文人的格调。其画作,无论山水、仕女、僧道、花鸟,皆书法入笔,勾线点染,神采翩翩,赋浅色淡墨,读来清新自然、平淡真趣、安宁祥和,宛如画纸上的桃花源。翰墨丹青古来即称"雅好","雅"人之"好"的标尺,就是格调。

作为文人的隋牟,琴棋书画四艺,诗书画印四技,皆为其所长,又为其所化。内修丰沛的功力素养,外化无声的质朴平和,古拙与内华,在其及其画作上和谐地统一。而这种统一由一个"静"字统御。静为燥君。静为文人画之魂。静之源,在老子哲学。文人画的品性在于画者的积淀涵养,内蕴一如东方哲学,生命的眷恋和感悟在笔墨里微妙律动优雅。其画风卓然,清气满纸却不浮薄,用笔工致而不板正。笔墨脱俗拔尘,古典的韵味,清新的韵致,

今朝风日好
——中国当代艺术个案鉴赏

《寒潭》 彩墨 葛涛

之图式、之形制的背后的确是有中华文明千百年的活态积淀，追古方能问今。重彩是新画种，也是古老画种的轮回再生。而民间活态文化里的"丹青"恰是重彩之魂魄与气韵，重彩之无相不相。大音希声、大象无形，古老的年画里都有。佛说："若见诸相非相，即见如来。"

"自然堂"，葛涛的堂名很好，自然而然，道法自然。

主观与客体的参照和互证。画面虚实相生，繁密与空简相谐，变化丰富而层次递进地阐述着自己的情感。初看的图式与细读的意达，画境与心源的契合透着画者感性背后的理性，自始至终地贯穿着其艺术的态度。生命形态和心态的线性变化，在其笔墨里延伸，创作激情在实践里厚重，时间最公正，重彩图式和重彩语言迥异于他人就是最好的明证。

中国画其实一直是重视色彩的。水墨丹青，其实是先有"丹青"后有"水墨"。盛唐气象体现在敦煌壁画上，金碧雍容。安史之乱后，诗人王维提出了一个理论："画道之中，水墨为最上。"并随着文人画的兴起，水墨画一步步形成。色彩也就随之衰落，纵使明代仇英，其小青绿山水，也只是淡彩为主。现代的重彩画是新语境下审美演变衍生出的一种新画种，也分工笔重彩和写意重彩两大门类。林风眠是大家，他以西画入笔，国画逸境为魂，走中西融合一路，无人可追。黄永玉的重彩，是版画的功底，加之个性张扬，也有一家气象。

但凡自家语言形成，赖于自身造化与修为。我指着壁上一幅老年画对葛涛说："若成一家之言，民间年画助益良多。"这话托大了，但民间年画之趣味、之色彩、宁静而不失枯淡;枯焦之笔与湿笔渲染出山隐与蔚然,寥寥数笔,满堂风雨。

苏轼说:"诗是有声画,画是无声诗。""诗画合一"概念是苏轼提出的,黄庭坚主张"凡书画当观韵",强调"言有尽而意无穷",并以"胸中有万卷画,笔下无一点俗气"为不二法门。隋牟显然是深得其味。形制上,他取元末之隐逸风格,舍宋之视觉张力,意将一切归之于平淡与疏朗。笔墨上,线条勾勒简洁而见骨见神,墨色点染幽微而现气现韵。每一根线条、每一抹墨色,都用笔拙而简括,朴而利落,不取巧,不求速,但求心中了然的结构,一笔笔写出精神的意向。观其画作,总不免感叹,自古之奇迹,多轩冕才贤,依仁游艺,探颐或钩深高雅之情,一寄于画。

绘画亦如书写,谋篇布局和遣词造句须得贯通,又结构严谨而创意独步。隋牟的书法,书中现形,间架间见态。其书法驭画,笔端秀挺,笔下疏松,由线及面,皴染自如,多变的线条在墨的浓淡枯渴中温润出生机。诗意的造境和心绪的铺陈,在笔墨的远近逶迤中娓娓抒情。似戛然而止,又意犹未尽的处理方式,耐人寻味。

隋牟的山水,秃笔细写,似如古篆隶书写。脉络分

今朝风日好
——中国当代艺术个案鉴赏

《仕女图》 水墨 隋牟

明，大山淡逸，小树浓荫，有高深回环之势，而黑白虚实的过渡映带自然而有生活意趣。隋牟的花卉，现代的笔墨语言，追古的精神内核，勾描与晕染，都以淡墨烘染，自有一番满眼清气氤氲。隋牟的人物有仕女、有罗汉、有钟馗，皆各有特色。罗汉图很接地气，自然朴实，笔下的僧道其实一如清修自律的他自己。钟馗之态，活泼泼的可爱，造型取夸张之趣，笔力之重在于眼神勾勒点染。而仕女，是隋牟的人物画重镇，也是当代文人画作中的奇花别枝，与中国文化的古典遥遥呼应。

　　仕女，古指被授予官职的妇女，后泛指在社会中有一定地位或者有一技之长的妇女。仕女之美在于外表的温柔与娴静，内蕴才华与聪慧。作为一个概念、一种题材门类，自唐至近代，仕女图多展示上层社会的贵族名门女子闲逸的生活及其复杂的内心世界。隋牟笔下的仕女，有着"山鬼"般的魅力，温雅而不俗，高贵而出尘，不羁而纯净，寄予了他对文人雅士古意生活的追求。他的仕女图，充满古雅，但又自成一种新的程式和面貌。在某种程度上，其绘画语言是一种笔墨书写性的自觉，深刻的生命体验和多舛的人生经历，融汇入魏晋风骨和古典文化的参悟和人文冶华，自觉的延续成一种诗意的笔墨栖居。与其说这是他理想中女子，不如说是他理想的文人娴雅生活，典雅风致之外不乏孤姿清神，幽婉款致之外又不乏山野之趣。这种充满浪漫主义色彩的笔墨意趣，无疑是对中国传统文人画的新格局辟出新径。读隋牟的仕女图，宛如看见

今朝风日好
——中国当代艺术个案鉴赏

翠微深处墨轩楹,一壶春酒看云生。

文人画是一种理想形态,往往深植于特定的历史情境。曾经一度,当代艺术肆虐,文人衰微、文人画式微。但当文化回归成为趋势之时,文人积年累月的清修与素养,就这样一步步稳健地踏在中国诗性文化的辙印上。中国诗性文化的辙印上。如是——

何去?

如来!

AFTERWORD 后记

就这样用细笔细细地描摹，细细地勾勒。在墨的气息里，想象春花秋月雪白雨浓，落笔成天空的剪影，和着风的律动。最是人间烟火，家人闲坐，灯火温馨，有着俗世的温暖。旧画里，茅屋一间，一老者持梅花一枝插于案头旧瓦甑。画上题款："山家除夕无他事，插了梅花便过年。"慢慢翻检年复一年的四季轮回，时光已然模糊。岁朝清供的是生命的美好，触之花开的心境……

魏晋风度的真意，是一种优雅。最是人间有味是清欢，落笔案头抑或案头清供，都是一种人生的姿态。如此一想，那一甑如清供的心境，真真有说不出的好。

落笔时，案头的水仙正青葱，一甑水仙就闻见春天的气息。

在本书写作过程中，就当代艺术的生态问题与高宏、梁建平、王路刚、姚卫国、石军良、杨素群、姜云宗、沈锋、李振山等进行了探讨；就艺术鉴赏的书写问题与张强、夏银河、郭向阳、池浚、张红超、黄立军等进行了探讨，感谢他们给予的建设性的意见和建议。

贺 疆

2019年年初于上林别苑

岁朝清供

比生活更重要的，是生活方式。

因着职业的关系，游走于艺术。看着四处恣肆的"审丑美术"心生厌倦，宁愿钻到故纸堆里沉湎。偶看到疏朗朗的传统写意，林间高士漫步、逸者泛舟江湖、青梅煮酒话桑麻、闲敲棋子落灯花时，总是不免心动，似乎刹那间雾霾散去，月白风清。疏淡笔墨，寥寥几笔一笺素纸迤逦开去，勾描出日升日落寒来暑往的素常，落墨成烟火袅袅云水渺渺的风光。简素小景，却是一种心的体验形式，一拎出来立马旧情满怀，勾起丝丝缕缕的惆怅。

"一庭春雨瓢儿菜，满架秋风扁豆花。"郑板桥的句子，生活的滋味满口清香。思绪又飘到东晋的南山之廓，草木霞色，清风鸣禽，荷锄的陶渊明，执菊倚篱远眺……所谓隐逸，不是不食人间烟火，而是让烟火过滤出生活的韵致。桃花源令人向往，向往的是阡陌纵横，鸡犬相闻，炊烟与柳烟不辨。

今朝风日好
——中国当代艺术个案鉴赏

　　日子如白描，重复单调到平淡。而心境是一甑清供。与时光手谈，四季是一朵一朵的花儿，次第绽放在案头，清凉着一季一季的素淡时光。然而，生活又是一本巨著，心底流过光阴的潺潺，没有对生命辜负。生命易老，不过朝夕之间，多少光阴的故事，在青釉的天空下演绎，而我们曾经怎样无视地走过，徒然地羡慕古人的清雅。品到好处，花木在风中摇曳，清明的味道淡淡袭来，人生的故事尽在一管笔墨、一虹尺素中莞尔。

　　春有百花秋有月，夏有凉风冬有雪。岁朝清供的恰恰是生命的素常。源起佛供与祭祀的清供，后衍伸到文人雅集，而清供也渐渐演变成文人绘画题材和案头雅玩。而私以为，清供，是以一份拈花浅笑的清净心，以一种内观与外观的互相关照方式，涵育本体对自然的慈悲、对生命的敬畏、对天道的虔敬以及对伦理的肃谨。

　　清供，本身是一个出世又入世的理念，既蕴含佛界的慈悲又饱含尘世的信仰。书与画在此间修行证悟，无论红尘还是方外，勾画的都是日子深处的悸动和感悟，落在纸上的是几处春色几处秋光几处禅机，散去雾霾，月白、风清。

　　生活的意义不在别处，就在眼前。苍茫的人生之意，